# DIE WEISSE REIHE

HERBERT W. HESSELMANN/FRIEDRICH NAGLSCHMID

# GALAPAGOS

*Inhalt*

*Galapagos — Isoliert in der Weite des Pazifiks*

Es ist diese klamme Feuchtigkeit, die einem nach einer Nacht an Deck in den Knochen sitzt. Dieser feine Salzgehalt im Pullover, in den Jeans und im Schlafsack, der auch noch den Morgennebel aufzusaugen scheint. Seit Stunden sind wir schon wach und versuchen, die vom Meer heraufziehende Kälte mit heißem Tee oder Kaffee zu bekämpfen. Das Schiff bewegt sich gemächlich durch die langgezogene Dünung, und der monotone Diesel tuckert die Morgenmelodie. Durch den dichten Nebel läßt sich die tropische Morgensonne als hoffnungsvoller Lichtschimmer nur erahnen. Sanfte pastellfarbene Rottöne verheißen wohlige Wärme nach klammkühlen Stunden.

Schreie, vielleicht Flüche oder Kommandos, jedenfalls heftig artikulierte spanisch-englische Satzfetzen durchschneiden herbgellend die morgendliche Ruhe. Der Diesel hämmert plötzlich so stark, daß das Schiff in allen Planken ächzt. Während die Maschine mit voller Kraft zurückzerrt, gleitet das Schiff noch von der ursprünglichen Fahrt getrieben nach vorne. Aus dem Nebel lösen sich Konturen, schmal und gespenstisch und nur flach aus dem Wasser ragend. Es sind dunkle Lavafelsen von fahlgrünem Algenteppich überzogen. Einige schwarzgraue Kormoransilhouetten zeichnen sich ab. Drachenköpfige Meerechsen liegen auf dem Algenteppich oder versuchen, durch sanft anplätschernde Wellen aus dem Meer oder ins Meer zu steigen. Ein leichter Ruck läßt das Schiff kurz erzittern. Es steht. Der Kapitän rennt zum Bug. Aufgelaufen, aber nur leicht, kein Schaden in der Schiffswand. Albernheiten lösen die Spannung. Lachen! Neugierde wird befriedigt, jeder will sich selbst überzeugen und guckt am Bug hinunter. Die Nebel haben sich aufgelöst, fast sekundenschnell. Jeder Quadratmillimeter Haut genießt die Sonnenwärme, die aus strahlend blauem Himmel kommt. Die Kormorane haben sich nicht einmal umgedreht, und die Meerechsen klettern weiter behende aus den schwarzblauen Fluten, um sich an der Sonne zu erwärmen.

Einige Tage sind wir nun schon im Archipel Galapagos mit dem Schiff unterwegs, und wir hatten nichts gesehen, was uns in irgendeiner Form an Menschen erinnert hätte — nichts außer aufdringlich grellweiß gepinselte Schiffsnamen an manchen Felswänden. Kein Schiff, kein Flugzeug, keine Hütten oder sonstige menschliche Zeichen auf einer der zahlreichen Inseln und Felsen, die wir inzwischen passiert hatten. Wir erlebten hier die Begegnung mit einer anderen Zeit. Einer Zeit der Natur, einer noch alles umfassenden Natur. Isoliert in der pazifischen Weite, bestimmt von der antarktischen Kälte des Humboldt- oder Perustromes und der gleißenden Äquatorsonne ist der geologisch junge Archipel Galapagos bis heute ein einzigartiges Experimentierfeld der Natur geblieben, wenngleich auch hier die Spuren menschlicher Eingriffe in einigen Inselbereichen immer deutlicher werden. Derartige Veränderungen und die damit verbundenen Folgeschäden geben sich meist nur dem Fachmann zu erkennen. Wer denkt schon an eine ökologische Katastrophe, wenn er auf entfernten Lavarücken ein paar scheue Ziegen sieht? Auf Pinta zum Beispiel, einer der nördlichsten, nur 60 Quadratkilometer großen Insel, war 1958 von einem Fischer ein Ziegenpaar ausgesetzt worden. Nach nur wenigen Jahren hatten sich die ohne Feinddruck lebenden Wildziegen rasch vermehrt und die Insel nahezu kahl gefressen. Leguanen, Schildkröten und Vögeln drohte der Hungertod. Göttinger Wildbiologen, Forstbeamte und sechs ecuadorianische Helfer mußten sich 1981 auf die große Pirsch machen und Tausende von Wildziegen auf der unbewohnten Insel töten. Welche Sisyphusarbeit! Bei einigen wenigen überlebenden Ziegen wird die Plage in kürzester Zeit den gleichen Stand erreicht haben. Dabei hatten die Riesenschildkröten von Pinta schon den ersten „Ziegenüberfall“ nicht verkraftet. Nur „Lonesome George“, ein einsames Männchen der einst vielzähligen Pintaschildkröten, konnte „den großen Hunger“ überleben. 10 000 US-Dollar will die Darwin-Gesellschaft demjenigen zahlen, der für George ein Weibchen — sei es in einem Zoo oder Privatgehege — aufspürt. Sonst wird mit ihm eine weitere einmalige Population aussterben.

Mit dieser Geschichte im Bewußtsein sollte man sich im Archipel Galapagos bewegen, in dem jede aus Unachtsamkeit eingeschleppte Tier- oder Pflanzenart den unwiederbringlichen Verlust der ursprünglichen Fauna und Flora bedeuten kann.

*Land aus Feuer und Wasser*

Man nehme 25 Aschenhaufen, die man hier und da auf einem freien Platz draußen vor der Stadt abgeladen hat; man stelle sie sich zu Bergen vergrößert vor und denke sich, die leere Baustelle sei das Meer, und man hat eine richtige Vorstellung von den Islas Encantadas, den verwunschenen Inseln. Es ist mehr eine Gruppe von meist erloschenen Vulkanen als von Inseln. Sie sehen etwa so aus wie die Erde nach einem Weltenbrand. Es ist fraglich, ob sich irgendein Ort auf der Erde an Unwirtlichkeit mit dieser Gruppe messen kann.“ Begleitet von diesen nicht gerade ermunternden Betrachtungen Herman Melvilles, haben wir uns auf den Weg gemacht, die Unwirtlichkeit selbst zu erkunden.

Wir müssen bei unseren Landexkursionen sehr aufpassen, daß wir uns nicht an den messerscharfen Lavakanten schneiden. Wie riesige Koksfelder erscheint die Lava — von stumpfem Schwarzgrau bis zum leuchtenden Rostrot. Das ganze Spektrum vulkanischer Erze ist wie in einem Laboratorium vor uns ausgebreitet, doch grauschwarze Schlacken und Asche überwiegen.

Tiefe Risse durchschneiden die Felder. Ineinandergebackene Schlackenhaufen liegen neben riesigen Lavascherben, gerade so wie große übereinandergestapelte Geschirrscherben. An anderer Stelle ziehen Stricklavabündel wie versteinerte Taue über die erkaltete Lava. Wie von steinernen Fesseln eingeschnürt, liegen die Vulkanberge vor uns. Seit Stunden ziehen wir über die Lavaweiten der mittleren Ostküste Isabelas, der größten Insel des Galapagos-Archipels. Grünfarbene algendurchtränkte Brackwassertümpel finden sich gelegentlich in eingestürzten Lavatrichtern. Manchmal überziehen Flechtenkrusten die nur wenige Jahrzehnte alten Lavamassen. In Küstennähe erschrecken uns ausgebleichte Seelöwenknochen, und immer wieder stoßen wir auf mumifizierte Galapagosechsen. An der Brandungszone trotzen einige Mangroven, mit ihrem ausgefeilten Wurzelsystem wie auf Stelzen stehend, den Kräften von erstarrenden Salzkrusten und der aufbrausenden Gischt. Die Kegel der Vulkane „Wolf“ und „Darwin“ bilden die gespenstische Skyline der urgeschichtlichen Szenerie.

Feuerspeiende Berge, die bis heute aktiv geblieben sind, riesige Lavaflächen, Vulkanasche, vulkanische Tuffe. Immer wiederkehrende Schilderungen von Vulkanausbrüchen, aus den Zeiten der Inkas bis ins 20. Jahrhundert hinein, spiegeln die Entstehung des Galapagos-Archipels wider. Wind und Wellen trotzende Lavaklippen, Steilküsten, von denen glühende Lava ins Meer stürzte. Lava von Gaslöchern durchzogen wie Schweizer Käse. Auf der Insel Tower liefen wir über brüchige Lavahöhlen, in denen Lavamöwen nisteten. Wie gespenstische Mondlandschaften breiten sich die Lavafelder auf der Insel Santiago aus, wenn der Blick über die küstennahen Schlacke- und Aschekegel des Eilands Bartholomé schweift, über eine trostlose, karge, scheinbare Urlandschaft.

Eingestürzte Calderas (kesselartige Vulkankrater) auf Santa Cruz, Kraterseen auf Isabela, durch sich verengende Lavagänge wie Geysire in den Himmel schießende Wasserfontänen in den Brandungszonen auf der Insel Hood. Es gibt, glaube ich, keinen Ort im ganzen Archipel, der nicht Zeugnis ist für neugestaltenden Vulkanismus.

Die Galapagos-Inseln gehören zu den aktivsten Vulkan- und Erdbebenzonen der Erde. Der Einsturz der Fernandina Caldera 1968 war eines der größten geologischen Ereignisse dieser Art. Begleitet von zahlreichen Erdbebenstößen stürzte der Kraterboden des Fernandina Vulkans über 300 Meter in die Tiefe. Etwa vor fünf Millionen Jahren muß der Galapagos-Vulkanismus auf der sogenannten Galapagosplatte seinen Anfang genommen haben. Altersbestimmungen von Lavafelsen im Unterwasserbereich der Insel Baltra lassen auf dieses Alter schließen. Wahrscheinlich quollen aus sechzig Kilometer Tiefe riesige Magmamassen hervor und begannen, auf der etwa 1000 Meter tief gelegenen Galapagosplatte als steile Vulkankegel an die Oberfläche zu wachsen. Die Steilränder dieser Platte stürzten dann noch einmal gut 2000 Meter tief bis auf den eigentlichen Meeresgrund des Pazifiks. Zirka zwei Millionen Jahre dauerte der Aufbau der Inselgruppe Galapagos, der bis heute nicht abgeschlossen ist. Zusammenfließende Lavaströme verbanden die isoliert stehenden Vulkankegel zu größeren Einheiten. Aber auch Plattenhebungen haben ursprünglich im Meer des Pazifiks gebildete und dort auch erstarrte Vulkanberge über den Wasserspiegel gehoben. Die so entstandenen Inseln Baltra, Española (Hood), Santa Fe, Seymour und der nördliche Teil von Santa Cruz zählen zu den ältesten Formationen des Archipels.

Die anderen Inseln haben sich später und meist schon durch Lavaausflüsse über Wasser entwickelt.

Die Meeresböden rund um Galapagos sind tektonisch hoch aktiv. Etwa 1000 Kilometer westlich des Archipels — weit draußen im Pazifik — liegt der berühmte Galapagosknoten, an dem die Pazifische Platte, die Nazca- und die Kokos-Platte jährlich um 14 bis 16 Zentimeter auseinanderrücken. Ein 1 Kilometer breiter Streifen Pazifikboden entsteht hier in der geologisch kurzen Zeit von etwa 6000 Jahren. Genausoviel Pazifikboden wird an der Westküste Amerikas praktisch unter den Kontinent geschoben, wo in etwa 20 Millionen Jahren auch die Galapagos-Inseln wieder verschwinden werden. Riesige Reibungskräfte lassen die Gesteinsmassen hier wieder zu Magma schmelzen, das an Gräben, Brüchen und Spalten dem enormen Druck auszuweichen versucht und nach oben dringt. Starke Lavaausbrüche in der Tiefe des Pazifiks haben so einzelne Vulkankegel miteinander verschmolzen und große Gebirgsketten unter dem Meer aufgetürmt. Carnegie- und Kokosschwelle sind zwei solcher Gebirgszüge, die sich von Panama und Ecuador in den Pazifik erstrecken. Ziemlich genau über den westlichen Enden dieser Schwellen, die auch heute noch weiterwachsen, liegen die aktiven Galapagosvulkane. Eine Landbrücke zwischen den Galapagos-Inseln und dem amerikanischen Doppelkontinent hat, wie häufig vermutet wurde, dennoch nie bestanden. Diese Tatsache bildet neben den klimatischen und ozeanologischen Besonderheiten die geologische Grundlage für die nahezu einmalige Ausgangssituation der weitgehend überschaubaren Entstehung einer eigenständigen Tier- und Pflanzenwelt im Archipel Galapagos.

*Las Islas Encantadas — Die verwunschenen Inseln*

Die Galapagos-Inseln gruppieren sich zwischen Dem 89. und 92. Längengrad westlicher Länge um den Äquator, wobei die meisten südlich des größten Breitenkreises liegen. Doch wer hier romantische, tropische Sandstrände, sich im Wind wiegende Kokospalmen, Lianen, Orchideen und Papageien erwartet, wird enttäuscht. Meterhohe Kakteen, bleichgetrocknetes Gestrüpp und zerklüftete Lava, die sich in haushohen Bändern bizarr erstarrend ins Meer ergossen hat und tückische Untiefen bildet, kennzeichnen die von März bis Dezember wüstenhaft trockenen Küstenzonen.

Schnelle Westpassatwinde treiben die entlang des südamerikanischen Subkontinents aufsteigenden kalten Tiefengewässer des Humboldtstromes fast rechtwinkelig hinaus in den Pazifik. Diese Fluten umspielen die südlichen Inseln des Archipels, während die nördlichen vom warmen von Panama kommenden Niño-Strom sowie von äquatorialen Aufwallungen beeinflußt werden.

Nur wenn dieser aus Nordwesten kommende warme Strom mit seinen feuchtwarmen Luftmassen die Inseln berührt, fallen hier von Dezember bis März ausreichend Niederschläge. In dieser Zeit ergrünen und erblühen die Inseln, und der das restliche Jahr über fast tödliche Wassermangel schlägt mancherorts regelrecht in Überfluß um. In der übrigen Jahreszeit saugen die sich über den heißen Lavafeldern erwärmenden Meeresluftmassen des Perustromes die letzten Wassertropfen des morgendlichen Taus aus den Lavaritzen. Dann verhüllen in unvorstellbarer Geschwindigkeit entstandene Nebelschwaden Land und Meer. Eine Erscheinung, die auch unserer Expedition im dichten Morgennebel beinahe ein jähes Ende bereitet hätte. Diese starken Strömungen, ja, dieses Chaos aus Strömungen und Strudeln, wie es Thor Heyerdahl beschreibt, das einerseits das Leben im Meer stimuliert, andererseits die damaligen Segelschiffe und ihre Besatzungen unkontrolliert mitriß, dazu die breiten Lavawüsten der Küstenregionen und die alles verbergenden Nebelschwaden gaben dieser Inselgruppe ihren ursprünglichen Namen: Las Islas Encantadas, die verwunschenen Inseln.

Man muß sich mit diesen Verhältnissen vertraut machen, denn der Archipel, der sich in Nord-Süd-Richtung auf einer Länge von 450 Kilometern erstreckt und in Ost-West-Richtung knapp 300 Kilometer mißt, ist nur mit dem Schiff zu bereisen. Etwa 100 Inseln, die genauen Zahlenangaben schwanken, gestalten den Archipel, dessen gesamte Landflächen von etwa 7840 Quadratkilometern über ein Seegebiet der zehnfachen Größe verstreut sind. (Das entspricht ungefähr den Ausmaßen Österreichs.) Nur etwa 20 Inseln, darunter die größte, die über 130 Kilometer lange und bis zu 64 Kilometer breite Insel Isabela, verdienen überhaupt die Bezeichnung „Insel“. Die übrigen Landflächen sind allenfalls Inselchen, Eilande mit wenigen Baumopuntien (Feigenkakteen) bewachsen oder nur nackte Felsengruppen im Pazifik.

In erster Linie ist es das Meer mit seinen gegensätzlichen Strömungen, das die klimatischen Besonderheiten dieses Archipels bestimmt. Die Auswirkungen der Strömungen schaffen — zusammen mit der Äquatorsonne und in Abhängigkeit von den vulkanischen Landmassen — die ariden bis humiden Klimazonen der einzelnen Inseln, die sich in deutlich unterschiedlichen Vegetationszonen von den Ufern bis zu den Vulkanhöhen erstrecken.

Ganze 17° Celsius Wassertemperatur konnten wir bei Tauchgängen vor Fernandina messen — und dies am Ende des Südsommers direkt unter der Äquatorsonne! Der aufgrund riesiger Planktonvorkommen anzutreffende Fischreichtum bietet in den 16 bis 17° Celsius kalten Humboldt-Gewässern Nahrung für unzählige Vogelarten, für Wale, Delphine, Seelöwen und Raubfische, zum Beispiel Haie. So werden selbst Schiffspassagen von einer Insel zur anderen zum unvergeßlichen Naturerlebnis. Vor Isabela trafen wir im Morgengrauen auf ein riesiges Rudel Delphine. Noch im Blickfeld des „unbewaffneten“ Auges zogen die Tiere ihre Bahn entlang einer erkennbaren Strömungsgrenze. Im Teleobjektiv und Fernglas offenbarte sich ein endloser Zug springender, sich gegenseitig an Geschwindigkeit überbietender Meeressäuger. Ich habe auf meinen Reisen kein zweites Mal ein ähnlich brodelndes, gischtendes Heer von Delphinen beob-

Die schmale Durchfahrt zwischen den Inseln Bartholomé und Santiago zählt zu den beliebtesten Ankerplätzen im Archipel, da von hier aus sowohl Landausflüge als auch interessante Tauchgänge unternommen werden können. Bei dem Vogel handelt es sich um die kleinste Pelikanart, den endemischen Galapagospelikan.

achten können, obwohl wir nahezu ständig von kleineren Rudeln begleitet wurden, die spielerisch vor unserem Bug tanzten und meterhohe Sprünge vollführten. Kaum waren sie abgetaucht, begannen Seelöwen unseren Weg zu begleiten. Auch Haie kreuzten, und häufig stachen die großen Flossen der Mondfische rechts und links von unserem Boot durch die glitzernde Wasseroberfläche. Manchmal lagen diese wagenradgroßen und seitlich abgeflachten Fische platt auf der Wasseroberfläche, so als wollten sie sich an der Äquatorsonne wärmen. Aufregung erfaßte uns, wenn die steilen Rückenflossen von Mörderwalen wie Schwerter die See durchstachen. Im Nu waren dann alle anderen uns begleitenden Arten verschwunden, und wir konnten uns ganz auf die Rudel der Orcas oder Killerwale konzentrieren. Es war ein faszinierendes Schauspiel, wenn diese Meeresriesen ohne erkennbare Mühe durch das Wasser pflügten, während unser Schiff sich nur mühsam mit sechs Knoten Fahrt einer vier Knoten starken Gegenströmung entgegenstemmte. Diese starken Strömungen ließen es nicht zu, von unserem Kurs abzuweichen, um näher an die Killerwale und Delphine heranzukommen. Dennoch bleiben diese Begegnungen unauslöschliche Eindrücke, auch wenn sie auf den Überfahrten von Insel zu Insel langsam zur Routine wurden. Ein genauso großes Erlebnis waren die hoch über uns kreisenden Fregattvögel oder die Blaufuß-, Rotfuß- und Maskentölpel. Letztere stürzten sich zur Nahrungssuche immer wieder wie Pfeile ins fischreiche Meer hinab, um sich dann von den Fregattvögeln die Beute streitig machen zu lassen. Trickreich, brillant in allen Flugmanövern, verstanden es die zwei Meter spannenden Flugwunder, den anderen Vögeln selbst schon verschlungene Beute wieder abzujagen. Schnell waren aber auch immer Pelikane zur Stelle, um ihre weiten Kehlsäcke mit Nahrung zu füllen.

Die Tage auf Galapagos zwangen uns in ihrem Erlebnisreichtum, einen genauen Zeitplan einzuhalten. Da wir neben den Landausflügen auch noch tauchen wollten, aber Strömungen, Nebel und nicht unerhebliche Entfernungen unseren Tagesablauf einschränkten, benutzten wir meist die Nachtstunden für die erforderlichen Überfahrten. Hektik ließen wir bei keiner Galapagosreise aufkommen. Wir wollten uns auf keinen Fall dieser unwiederbringlichen Eindrücke berauben und sie ausgiebig genießen. Nach einem fischreichen, üppig angerichteten Abendessen, das manchmal auch durch eine von Mannschaftsmitgliedern frisch geschossene Wildziege bereichert wurde, wurden die Kameras gerichtet, Filme vorbereitet, Tauchausrüstungen überprüft, Schiffs- und Expeditionstagebücher geführt, Bestimmungsbücher gewälzt und vor allem Erfahrungen ausgetauscht.

Nahezu dämmerungsfrei legt sich in diesen äquatorialen Breiten gegen 18 Uhr die Dunkelheit der Tropennacht über die Inselwelt. Bei meist sternenklarem Himmel lassen sich hier der Zauber der Abgeschiedenheit und der unendliche Reiz einer unverfälschten Natur genießen. Wie Silberpfeile jagen in gespenstisches Meeresleuchten eingehüllte Raubfische ihrer Beute in noch kaum belasteten Gewässern hinterher. Einem Milliardenheer leuchtender Sterne gleich funkeln die mikroskopisch kleinen Leuchtkörper von Meeresalgen und planktonischen Krebsen. Es ist ein beeindruckendes Feuerwerk, das diese Meerestiere und Algen mit Hilfe enzymgesteuerter Stoffwechselreaktionen in ihren Zellkörpern erzeugen. Bei diesen Reaktionen wird mit Hilfe von Sauerstoff, Luciferin und dem Enzym Luciferase chemische Energie in Licht umgewandelt. Dieses als Biolumineszenz bekannte Licht ist Ursache für alle Leuchterscheinungen bei Tieren und Pflanzen.

Gegen zehn Uhr hatten sich bereits die meisten von uns in ihre Kojen gelegt und ließen sich vom rhythmischen Wellenschlag in den Schlaf schaukeln.

Spätestens dann, wenn das Schiff nach Mitternacht die schützende Abendbucht verlassen hatte, um dem nächsten Tagesziel entgegenzustampfen, wenn die Gischt der offenen See vom Fahrtwind auf die Planken geschlagen wurde, verkrochen sich auch die letzten in ihre Kojen im dann schon wohlig warmen Schiffsbauch.

### *Inseln der Verdammnis — Inseln der Hoffnung*

Wer immer sich mit der Entdeckungs- und Besiedlungsgeschichte der Galapagos-Inseln befaßt, muß sich davor hüten, Geschichte und Geschichten zu vermischen. Wie so vieles, was sich auf die Historie Amerikas bezieht, können auch in diesem Fall die Ereignisse nur nach „vorspanischer Zeit“ und den dann folgenden Jahren eingeordnet werden, da erst seit der Entdeckung Amerikas durch Kolumbus ausreichend schriftliche Zeugnisse über die geschichtlichen Abläufe vorliegen.

Die historischen Überlegungen, die natürlich auch auf die Galapagos-Inseln zutrafen, entsprangen dem Wunsch, die Völkerwanderungen der Frühzeit dem alten Lyellschen Prinzip folgend aufzuklären. Charles Lyell, der berühmte schottische Geologe des 19. Jahrhunderts, forderte mit seinem Aktualitätsprinzip, daß die Naturgesetze für alle Zeit — Vergangenheit,

Gegenwart und Zukunft — gültig sein müßten, und leitete daraus ab, die Entstehung von geologischen Formationen in der Vergangenheit aus Beobachtungen gegenwärtiger Ereignisse erklären zu können. Findet man zum Beispiel eine geologische Schicht mit Strukturen, wie sie heutige Meeresböden aufweisen, dann müssen auch diese älteren Schichten als Meeresböden entstanden sein. Lyells Forderung, die sich ursprünglich nur auf geologische und geomorphologische Ereignisse beschränkte, erfuhr jedoch später eine wichtige Erweiterung in der Biologie und Geschichtsforschung.

Seit Thor Heyerdahls sensationellem Kon-Tiki-Abenteuer, das ihn 1947 in nur 101 Tagen auf seinem Balsafloß von Zentralperu zum ostpolynesischen Raroia trieb, waren bis 1973 allein zwei von dreizehn gestarteten, bemannten Balsaflößen über den Pazifik zu den Galapagos-Inseln abgetrieben worden. Wenngleich unfreiwillig so doch schlüssig wurde damit der experimentelle Beweis erbracht, daß die Völker Südamerikas mit ihren Flößen — begünstigt durch die starken Strömungen — auch zum Archipel gelangt sein mußten. Die Verdrängung der Balsaflöße durch europäische Schiffsformen hatte zu Zweifeln an der Leistungsfähigkeit und Seetüchtigkeit dieser altindianischen Boote geführt und alle historischen Beschreibungen in den Bereich der Sagen gerückt. Erst die experimentelle Pazifiküberquerung mit nachgebauten Balsaflößen konnte den über 20 Jahre währenden Expertenstreit beenden. So ist es heute unumstritten und auch durch archäologische Funde belegt, daß die Galapagos-Inseln den Inkas bereits vor dem 15. Jahrhundert bekannt waren, sie aber vermutlich wegen ihres unwirtlichen Klimas und vor allem wegen des allgegenwärtigen Wassermangels unbewohnt blieben. Am bekanntesten sind die mündlichen Überlieferungen des Inkakönigs Tupac Nupanqui, der sich mit einer Balsaflotte auf den Weg in die unbekannten küstenfernen Seegebiete gewagt hatte. Nach seiner Rückkehr erzählte er von einer sogenannten „Feuerinsel" und der „Insel dahinter", die beide von sonderbaren Tieren bewohnt waren. Auch spanische Geschichtsschreiber berichten von der Existenz unbewohnter Inseln, die der Lage des Galapagos-Archipels entsprechen und diesen wohl auch meinen.

Erst Bischof Tomás de Berlanga gelang die historisch nachweisbare Neuentdeckung des Archipels. Am 10. März 1535 landete er mit seiner Mannschaft auf einer der Galapagos-Inseln, wahrscheinlich Barrington. Die Männer waren kurz vor dem Verdursten, und die verzweifelte Suche nach Trinkwasser war erst im letzten Augenblick, nachdem sie eine weitere Insel — Charles — angelaufen hatten, erfolgreich. Trotz der Unwirtlichkeit der schwarzen Lavalandschaften, der unbarmherzigen Lebensfeindlichkeit der Küstenregionen gegenüber den Menschen, war Berlanga von der bizarren Wildheit der Landschaft und vor allem von den riesigen Schildkröten, die sogar Männer auf dem Rücken tragen konnten, sowie von den Seelöwen, Leguanen und Seevögeln tief beeindruckt.

Obwohl sich die Nachricht ihrer sensationellen Entdeckung auch in Europa verbreitete, dauerte es noch Jahre, bis die Inseln wieder betreten wurden. Der rasche Wechsel der Strömungen und Gegenströmungen in den Gewässern des Archipels trieb die Segelschiffe schnell vom Kurs ab, und bei Windstille waren sie den Strudeln bedingungslos ausgeliefert. Die Navigationsmöglichkeiten und vor allem die damaligen, unzureichenden Methoden, Entfernungen auf See zu messen, führten immer wieder zu Fehlbeurteilungen durch Steuermänner und Kapitäne. Nebelbänke taten ihr übriges und ließen die Inseln von einem Moment zum anderen aus dem Blickfeld verschwinden und plötzlich unvermutet an scheinbar anderer Stelle wieder auftauchen.

Der Hunger nach Macht und Gold brachte die spanischen Eroberer gegeneinander auf. Im Verlauf dieser bürgerkriegsähnlichen Auseinandersetzungen, in denen der berühmte Gonzalo Pizarro seine Macht behaupten konnte, wurde Diego de Rivadeneira, ein Kapitän der Gegner Pizarros, 1546 auf der Flucht ins Galapagos-Archipel abgetrieben.

Alle Berichte von Besuchern der Inseln haben gemeinsam, daß sie von großer Wassernot, starken Strömungen, gefährlichen Windstillen, riesigen Schildkröten, Leguanen, zahmen Seevögeln, Seelöwen und schwer zugänglichen Lavaküsten erzählen. Aber niemand war in die tieferen Inselregionen eingedrungen, und so bewegte sich das Wissen über die inneren Landesteile im Pendel zwischen Wahrheit und Seemannsgarn. Die „verwunschenen Inseln" wurden noch bis Ende des 16. Jahrhunderts als unbewohnbar und auf dem Meer treibend angesehen. Teilweise ordnete man sie auch zwei Archipelen zu. Doch schon im „Theatrum Orbis Terrarum", einem Kartenwerk des flämischen Kartographen Ortelius von 1570, wird der Archipel als „Insulae de los Galopegos", Inseln der Schildkröten, bezeichnet. Die Riesenschildkröten sind zum Wahrzeichen der Inseln geworden, und der Name „Galapagos" wurde zum feststehenden Begriff für diesen Archipel. Selbst als der Staat Ecuador, zu dessen Hoheitsgebiet die Inseln heute gehören, in Würdigung der Verdienste

Zur Paarungszeit treffen sich die Drusenköpfe der Insel Fernandina nach mühsamem, anstrengendem Aufstieg direkt am Kraterrand des Vulkans.

Auf manchen Inseln verfärben sich die Männchen der Meerechsen während der Paarungszeit. Besonders farbenprächtig zeigen sich dann die Echsen von Española.

Meerechsen sind mit ihren scharfen Krallen, dem schuppigen Panzerkleid, dem mit Hornschildern gepanzerten Kopf und der stumpfen Schnauze bestens für das Leben auf scharfkantiger Lava und für die Algenweide unter Wasser ausgerüstet.

von Christoph Kolumbus anläßlich der 400-Jahr-Feierlichkeiten der Entdeckung Amerikas dem Gebiet den amtlichen Namen „Archipiélago de Colón“ gab, blieb dennoch die Bezeichnung Galapagos üblich.

Bei der Benennung der einzelnen Inseln wird es allerdings komplizierter. Auf die Spanier folgten die Freibeuter, Piraten und Bukaniere (westindische Seeräuber) sowie die Walfänger des 17. und 18. Jahrhunderts, die den Inseln die unterschiedlichsten englischen Namen gaben, so daß manche unter einem Dutzend verschiedener Bezeichnungen geführt wurden. Da sich weder die spanischen noch die englischen Namen durchsetzen konnten, tragen die Inseln heute noch zwei oder mehr Bezeichnungen. Diese Tatsache macht es dem Reisenden nicht gerade leicht, sich auf Anhieb in solch einem Insel- und Namenswirrwarr zurechtzufinden, und die folgende Zusammenstellung soll helfen, einen Überblick über die Namen der größten Inseln zu geben, die — zusammen mit den vielen Eilanden — 1973 zur ecuadorianischen Provinz erklärt wurden. Zunächst wird die alte englische Bezeichnung genannt, dann folgt in kursiver Schrift der offizielle Inselname.

Abingdon *Pinta*; Albemarle *Isabela*; Barrington *Santa Fe*; Beagle *Beagle*; Bindloe *Marchena*; Brattle *Tortuga*; Bartholomew *Bartolomé*; Caldwell *Caldwell*; Champion *Champion*; Charles *Santa Maria, meist Floreana genannt*; Chatham *San Cristobal*; Cowley *Cowley*; Crossman *Crossman*; Culpepper *Darwin, doch meist Culpepper genannt*; Daphne *Daphne*; Duncan *Pinzon*; Eden *Eden*; Enderby *Enderby*; Gardner (nahe Floreana) *Gardner*; Gardner (nahe Española) *Gardner*; Guy Fawkes *Guy Fawkes*; Hood *Española*; Indefatigable *Santa Cruz*; James *San Salvador, meist Santiago genannt*; Jervis *Rabida, doch meist Jervis genannt*; Nameless *Sin Nombre*; Narborough *Fernandina*; North Seymour *Seymour*; Onslow *Onslow*; Plaza *Plaza*; South Seymour *Baltra;* Tower *Genovesa, meist Tower genannt*; Watson *Watson*; Wenman *Wolf, meist als Wenman geführt.*

So vielfältig wie die Namen sind auch die Gründe, die Menschen in diese schwer zugängliche, unwirtliche Abgeschiedenheit direkt am Äquator rund tausend Kilometer vor der südamerikanischen Küste geführt haben.

Tomás de Berlanga war nicht freiwillig hierher gekommen. In einer Flaute, die sein Schiff auf dem Weg von Panama nach Peru erfaßte und es hilflos der Strömung überließ, trieb der Bischof unaufhaltsam westwärts. Da Berlanga im Auftrag Kaiser Karls V. unterwegs war, hatte er unter anderem königliches Gefolge dabei. Seine Mission hatte den Zweck, sich über die Verhältnisse unter Pizarros Herrschaft zu informieren. Zur Neige gehende Wasservorräte zwangen die Verirrten zu ankern und auf den unbekannten und wohl auch unbewohnten Inseln nach Wasser zu suchen. Die ersten öden und vegetationsarmen Eilande brachten nicht den ersehnten Erfolg. Langwierig und gefährlich war die Weiterfahrt zu den anderen Inseln, die — obwohl meist in Sichtweite — wegen der Kalmenzonen erst nach Tagen erreicht werden konnten. Endlich gelang es den Seefahrern, auf einer größeren Landmasse unter Lavabrocken auf größere Mengen trinkbaren Wassers zu stoßen, und sie waren gerettet. Eine Geschichte, die sich in ähnlicher Form noch viele Male wiederholen sollte.

Um 1680 wollten die ersten englischen Freibeuter unter Bartholmew Sharp die Galapagos-Inseln anlaufen, doch sie mußten aufgrund ungünstiger Windverhältnisse ihre Pläne ändern. 1684 belagerten dann die ersten englischen Seeräuber den Archipel und benutzten ihn mehr als ein Jahrhundert lang als Schlupfwinkel und Stützpunkt. Von hier aus jagten sie entlang der südamerikanischen Küste spanische Schiffe und plünderten sogar zweimal die ecuadorianische Hafenstadt Guayaquil.

Berühmte Männer wie John Cook, Abrose Cowley, William Dampier, Basile Ringrose, Edward Davis und Lionel Wafer, der Chirurg und Schriftsteller, waren unter den Galapagospiraten. Cowley und Dampier, wohl weit mehr von Abenteuersinn und Forscherdrang als von Mordlust getrieben, wurden zu den ersten großen Kartographen und Beschreibern des Galapagos-Archipels. Mit Dampier kam auch der Freibeuter Alexander Selkirk auf die Inseln. Er war der wahre Robinson Crusoe, denn die Schiffe „Duke“ und „Dutchess“ hatten ihn nach vier Jahren und vier Monaten Robinsonade auf der chilenischen Insel Juan Fernandez an Bord genommen. Von den Galapagos-Inseln aus nahm er später an der Plünderung Guayaquils teil, konnte aber trotzdem keine Reichtümer ansammeln und starb verarmt in Großbritannien, nachdem er Daniel Defoe seine Lebensgeschichte zu verkaufen versucht hatte. Defoe lehnte scheinbar ab und veröffentlichte kurz darauf seinen „Robinson Crusoe“, einen weltweiten Bestseller bis in die heutigen Tage.

In den folgenden friedlicheren Zeiten des 18. und 19. Jahrhunderts waren es vor allem Walfänger, die die Inseln als Zwischenstation anliefen. Der große Boom setzte nach den Berichten von Kapitän James Colnett ein, der die Galapagos als geeignet für die Walfänger empfohlen hatte. Hier luden sie die riesigen

Schildkröten als lebende Fleischkonserven für ihre monatelangen Reisen in die pazifischen Weiten auf, was zur Folge hatte, daß diese Tiere auf den meisten Inseln fast vollständig ausgerottet wurden. In die Zeit der Walfänger fällt auch die erste Besiedlung. Doch der eigentliche erste menschliche Stützpunkt ist das bis in unsere Tage in Betrieb befindliche Postamt in der Post-Office-Bay auf Floreana. 1789 errichteten die Matrosen des britischen Walfängers „Amalia" dieses einsamste Postamt der Welt. Eine auf einen Pfahl montierte Tonne diente dem Postaustausch. So konnten die in die Heimat zurückkehrenden Walfänger hier ihre ersten Nachrichten entgegennehmen. „Postlagernd Floreana" mit „Barrel Mail Box in the Pacific", „Galapagos Barrel Mail" und Sonderstempel mit dem Faß wurden zu gesuchten philatelistischen Sammelobjekten. Namensschilder von Jachten und Schiffen wie der „Lorelei III, '72", der „Saint Amoor France, Mai '72", signierte Knochen, Flaschenposten und kleine Talismane zeugen heute vom Einfallsreichtum der Botschafter. Im Post-Office-Bay begann mit Patrick Watkins auch die neuzeitliche Besiedlung der Inseln. Über einen längeren Zeitraum — bis in die zwanziger Jahre des 19. Jahrhunderts — verkaufte er den Walfängern seine auf Floreana gezogenen Kartoffeln und Kürbisse. Doch erst 1831 begann unter General Jose Maria Villamil die eigentliche wechselvolle Siedlungsgeschichte. Als Tyrann und Eroberer beanspruchte er den Archipel endgültig für Ecuador. Als Sträflingskolonie, Verbannungsort und Garnison überdauerten die Inseln das 19. Jahrhundert. Aber die meisten Siedler scheiterten.

Dennoch hatte Galapagos durch namhafte Besucher wie zum Beispiel Herman Melville, dem Verfasser von „Moby Dick", oder Lord Byron VII., dem offiziellen Erben des Titels nach dem Tod des berühmten Dichters, und nicht zuletzt durch Charles Darwin weltweiten Ruhm erlangt. So versuchten Auswanderer hier immer wieder, ein neues Paradies zu finden oder gaben sich in der Abgeschiedenheit verschrobenen Naturphilosophien hin. Nach seiner zweieinhalb monatigen Expedition im Jahre 1923 und seinen ein Jahr später erschienenen überschwenglichen Schilderungen „Galapagos, das Ende der Welt" lockte William Beebe über hundert meist norwegische Siedler in die Lavawelt der Galapagosvulkane. Doch schon nach wenigen Jahren gaben die Neusiedler zermürbt auf.

Schlagzeilen machten die Inseln dann erst wieder Ende der zwanziger Jahre durch den Berliner Arzt Karl Friedrich Ritter und seine Freundin Dore Strauch, die der Anziehungskraft der „Encantadas" erlegen waren. Vor ihrer von großem Presseecho begleiteten Abreise hatten sich die beiden alle Zähne ziehen lassen. Ein Stahlgebiß, das sie abwechselnd trugen, diente als sicherer Zahnersatz.

1932 landeten die Wittmers auf Floreana. Albert Wittmer, persönlicher Referent des damaligen Kölner Oberbürgermeisters Konrad Adenauer, wollte hier ein neues Leben fernab aller Zivilisation beginnen. Seine Frau Margret schildert in ihrem Buch „Postlagernd Floreana" eindrucksvoll die ersten Jahre auf der Insel, die überschattet waren vom intriganten Verhalten der sagenumwobenen Baronin Eloise Bosquet de Wagner-Wehrborn, die im selben Jahr mit zwei Liebhabern hierher gekommen war, um Galapagos touristisch zu erschließen.

Mysteriöse Todesfälle — Ritter, der Vegetarier, starb an einer Fleischvergiftung —, ungeklärtes Verschwinden von Menschen und Schiffen bildeten den Höhepunkt dieser Siedlungsepoche. Nur wenige Familien überstanden die unheilvolle Zeit, neben den Wittmers die ebenfalls aus Deutschland stammenden Angermeyers. Es zählt bis in unsere Tage zu den unvergeßlichen Erlebnissen, mit der noch im hohen Alter geistig regen Margret Wittmer über die Vergangenheit der Inseln zu plaudern, oder mit Gus Angermeyer in seiner weihrauchgeschwängerten und durch Kerzenlicht mystisch erleuchteten Knochenhöhle über den Sinn und Zweck des Lebens zu diskutieren.

1957 beauftragte die UNESCO namhafte Wissenschaftler, darunter den Deutschen Irenäus Eibl-Eibesfeldt, den Schutz des Archipels durch eine geeignete Forschungsstation zu verstärken. Bereits 1934 waren Teile von Galapagos unter Naturschutz gestellt worden. Doch die Kriegsereignisse, die aus den Inseln einen US-Stützpunkt gemacht hatten, führten zu einer immer größeren Bedrohung der außergewöhnlichen Tier- und Pflanzenwelt. Mit der Errichtung der Darwin-Station konnte 1964 die erweiterte Schutz- und Forschungsarbeit auf Santa Cruz aufgenommen werden. Ein Nationalparkdienst überwacht die Touristenströme aus aller Welt, die man einerseits als willkommene Devisenbringer, andererseits als Botschafter und Garanten für die Erhaltung dieser einmaligen Inselwelt ansieht. Forschungs- und Schulungsaufgaben fallen dem durch internationale Wissenschaftler unterstützten Darwin-Center zu, das neben der Aufzucht der Riesenschildkröten touristische Programme entwickelt hat und durch die Übernahme wildbiologischer Aufgaben immer mehr praktische Hilfe auf allen Inseln leistet.

Da die Regierung zum Schutz und zur Erhaltung des

Die Weibchen und jungen Bullen der Seelöwen und Pelzrobben ruhen meist friedlich auf ihren Stammplätzen.

Die ausgewachsenen Bullen tragen häufig blutige Kämpfe um die Vorherrschaft in einem Harem aus.

Auf der Insel Española (Hood) ist der einzige Brutplatz der Galapagosalbatrosse (Diomedea irrorata). Ende März trifft man hier auf nahezu zwanzigtausend Brutpaare. Die Jungvögel sind mit ihrem graubraunen Flaum in ihren Erdnestern bestens getarnt.

Nationalparks weitere Besiedlungen verbietet und die freie Zufahrt für Schiffe zu den Inseln untersagt hat, konnten bis heute viele Landflächen unbewohnt bleiben. Die wenigen tausend Siedler konzentrieren sich auf Santa Cruz und auf San Cristobal, das zugleich die ecuadorianische Verwaltungszentrale aller Inseln ist. Nur etwa 500 Menschen leben auf den Inseln Isabela, Floreana und Baltra, wo es auch einen Flugplatz gibt. So ist der Galapagos-Archipel trotz vieler Wirren und beginnendem zivilisatorischen Einfluß ein Refugium für die Natur geblieben.

Da die Zahl der Touristen in den letzten Jahren beängstigend zugenommen hat, sind derzeit Bestrebungen im Gange, die Galapagos-Inseln zu einem der Naturweltwunder zu erklären und damit den touristischen Massenansturm in Grenzen zu halten.

*Galapagos — Archipel der Schildkröten*

Als die Spanier zuerst die Inseln entdeckten, fanden sie zahlreiche Leguane und Landschildkröten, und sie nannten sie die „Gallapagos-Inseln“. „Ich glaube, es gibt keinen Ort der Welt, der so reichlich mit diesen Tieren versehen ist. Die Leguane hier sind so fett und so groß wie nur irgendwelche, die ich je sah. Sie sind so zahm, daß ein Mann zwanzig mit einem Knüppel in einer Stunde niederschlagen kann. Die Landschildkröten sind so zahlreich, daß fünf- oder sechshundert Mann von ihnen allein mehrere Monate lang leben könnten, ohne irgendwelchen anderen Proviant. Sie sind außergewöhnlich groß und fett und so wohlschmeckend, daß kein Hühnchen köstlicher mundet. Eins der größten dieser Tiere wiegt einhundertundfünfzig bis einhundertundachtzig Pfund, und einige von ihnen messen 60 bis 75 cm über den Bauch.“ So beschreibt William Dampier, einer der berühmtesten Seeräuber des ausgehenden 17. Jahrhunderts, seine Eindrücke von Galapagos.

Jahrhundertelang waren die Inseln die Vorratskammer der Walfänger für Frischfleisch. Mengen von Schildkröten wurden auf den Schiffen eingebunkert — sozusagen als Lebendkonserve. Den Leguanen und großen Echsen ist dieses Schicksal sicher nur deshalb erspart geblieben, da sie zwar ebenfalls wohlschmeckend sind, man sich aber schon reichlich der Schildkröten bedienen konnte. So jedenfalls urteilte Delano 1800 bei seinem Besuch auf Galapagos.

Berücksichtigt man diese enorme Naturplünderung der vergangenen Jahrhunderte, so ist das, was wir heute an Tier- und Pflanzenwelt auf den Inseln vorfinden, sicherlich bei einer Reihe von Arten nur noch ein letztes Überbleibsel einer einst üppigen Fülle. Und dennoch ist das Erlebnis Galapagos auch heute noch ein nahezu einmaliges Naturereignis.

„Paßt auf, der frißt eure Fotosachen!“ Ich werde diese comicreifen Szenen nie vergessen. Einige von uns hatten sich auf Tower vorsichtig an die Kolonie der Fregattvögel herangeschlichen. Um beweglicher sein zu können, stellten wir die Fotosachen einfach hinter uns im Ufersand ab. Neugierig war ein massiger Seelöwenbulle aus dem Wasser herangerobbt und untersuchte schnaubend die Fototaschen, während wir in respektvoller Distanz um unsere bisherige Fotoausbeute zitterten.

Unser italienischer Kollege Dr. Manara versuchte währenddessen vergebens, Spottdrosseln zu fotografieren. Doch die eine setzte sich nach dem Hochscheuchen immer wieder auf das Teleobjektiv an der Kamera, und die andere lief lieber hinter als vor ihm. Bei den sonnenbadenden Meerechsen wiederum sind Nahaufnahmen etwas gefährlicher. Nicht weil die Tiere beißen würden, nein, ganz einfach weil sie über zwei in den Nasenraum führende Salzdrüsen das überschüssige Meersalz heftig schniefend aus der Nase rotzen. Für den Fotografen bedeutet das eine unangenehme „Dusche“ mit einer Flüssigkeit, die nur schwer vom Objektiv zu entfernen ist.

Man muß sich erst einmal zurechtfinden in dieser neuen Tierwelt, die so gar nichts mit der uns bekannten Scheu der Tiere vor dem Menschen gemein hat. Da bleiben Tölpel und Fregattvögel einfach in ihren Nestern sitzen, als gingen sie die Begegnungen mit uns gar nichts an. Seelöwen lassen sich in freier Wildbahn das Fell kraulen, und andere spielen mit uns „Plastiktassen-Werfen“, indem sie die von Bord zugeworfenen Becher elegant zurückschleudern. Nur die Winkerkrabben zeigen hektische Fluchtreaktionen. Schildkröten ignorieren die Anwesenheit ganzer Reisegruppen mit zeitloser Bedächtigkeit. Meerechsen führen ungestört ihre Turniere aus oder lassen sich von behend greifenden roten Krabben, Erdfinken und Eidechsen die schuppige Haut putzen.

Hier scheinen wahrlich paradiesisch friedliche Zustände zu herrschen. Doch der Schein trügt. In den rauhen Überlebensrevieren der so unterschiedlichen Inselbedingungen wird um jeden Felsen gekämpft, stellt das Wechselspiel zwischen kalten Meeresströmungen und äquatorialer Sonne härteste Anforderungen an die sich behauptenden Arten.

Eigenartige Begegnungen ergeben sich auch im Zusammentreffen der den unterschiedlichsten geographischen Regionen angehörenden Tier- und Pflanzenarten. Mir werden hier vor allem die Seelöwen in Erinnerung bleiben, die im Schatten baumartiger Opuntien der äquatorialen Mittagssonne in den küstennahen Trockengebiete zu entfliehen suchten, und im Gegensatz dazu die flechtenüberwucherten und regenwaldähnlichen Scalesia Wälder auf den Hochplateaus von Santa Cruz.

Dabei muß man als Biologe jede Einzelheit genau beobachten, denn trotz intensiver Forschungsarbeiten ist in diesem Archipel vieles noch nicht wissenschaftlich belegt, vielleicht weil diese Inseln mit ihrer eigenartigen Tier- und Pflanzenwelt nicht immer in höchstem Ansehen standen.

Anfang der vierziger Jahre des 19. Jahrhunderts war Herman Melville mit einem Walfängerschiff auf die Inseln gekommen. Er berichtete, daß ihr Charakteristikum eine ausgesprochene Unbewohnbarkeit sei. „Es gilt als beredtes Beispiel, daß die Encantadas selbst dem Abschaum der Tiere, dem Schakal, das Gastrecht verweigern. Mensch und Wolf verleugnen sie in gleicher Weise. Wenig mehr als Gewürm findet sich hier. Schildkröten, Eidechsen, riesige Spinnen, Schlangen und die absonderlichste Mißbildung einer launischen Natur, der Leguan. Man vernimmt keine Stimme, kein Gemuhe, kein Geheul; der hauptsächlichste Ton ist hier ein Zischen." So lautet sein vernichtendes Urteil in den 1856 erschienenen „Piazza Tales".

Uns dagegen bot sich eine beachtenswerte Vielfalt von Lebewesen mit den erstaunlichsten Merkmalen und Verhaltensweisen. Vielleicht weil wir durch die Beobachtungen des großen Biologen und berühmtesten Galapagos-Besuchers, Charles Darwin, auf die Besonderheiten dieser unvergleichlichen Natur eingestimmt waren und durch seine, sich daraus für die Naturkunde ergebenden, revolutionären Folgerungen „sehend" geworden waren.

Mitte September 1835 erreichte Charles Darwin „als Naturforscher ohne Bezahlung" mit der „Beagle" den Galapagos-Archipel. Die Besatzung war bereits seit dem 27. Dezember 1831 im Auftrag der britischen Krone unterwegs, um vornehmlich die Küsten Südamerikas zu erforschen. Mit erstaunlichem Eifer hatte Darwin in den Reisejahren mehr Erfahrungen und Ergebnisse gesammelt, als ein ganzes Forscherteam zu erbringen im Stande gewesen wäre. Sein Spektrum reichte von der Ethnologie über die Geologie, Botanik, Zoologie, Verhaltensforschung, Klimakunde, Ozeanographie bis zu sozialen Aspekten der Sklavenhaltung in Brasilien. Geprägt durch die unterschiedlichsten, wenn auch nicht sehr erfolgreichen Studien in Medizin, Theologie und verschiedenen Naturwissenschaften, begeistert von den Schriften Alexander von Humboldts und von Sir John Frederick William Herschels „Einführung in das Studium der Naturwissenschaften", angeregt durch bedeutende Wissenschaftler seiner Zeit, wie den Botaniker Henslow und den Geologen Lyell, war Darwin prädestiniert, mit wachem Verstand aus den vielfältigen Beobachtungen ein neues Gedankengebäude zu errichten.

Henslows großes Verdienst ist es, Darwins Fähigkeiten richtig eingeschätzt und dem 23jährigen die Möglichkeit einer Reise mit der „Beagle" gegeben zu haben. „Ich habe ausgesprochen, daß ich Sie für die bestqualifizierte Person unter denen, die ich kenne, halte, welche geneigt sein dürfte, eine solche Stellung anzunehmen. Ich spreche dies aus, nicht in der Voraussetzung, daß Sie ein fertiger Naturforscher, sondern reichlich dazu qualifiziert sind, zu sammeln, zu beobachten und alles, was einer Aufzeichnung auf dem Gebiet der Naturwissenschaften wert ist, aufzuzeichnen", schrieb er am 24. August 1831 in einem persönlichen Brief an Darwin. Darwins Beobachtungen und die daraus entstandene Vorstellung von der „Entstehung der Arten" reformierte die Biologie der damaligen Welt so umfassend und nachhaltig, daß Darwin bis heute als einer der größten Naturwissenschaftler und Wegbereiter der modernen Biologie geehrt wird.

Er selbst beurteilte nach seiner Reise die Erlebnisse auf den Galapagos-Inseln wie folgt: „Auch darf ich nicht stillschweigend die Entdeckung der eigentümlichen Beziehungen zwischen Tieren und Pflanzen übergehen, die mehrere Inseln des Galapagos-Archipels bewohnen, und dieser wiederum zu den Tieren und Pflanzen von Südamerika."

Vom 15. September bis zum 20. Oktober 1835 hielt sich Charles Darwin im Galapagos-Archipel auf. Seine erste Station war am 17. September Chatham, das heutige San Cristobal. Von dort segelte er am 23. September nach Charles, umfuhr dann die Südwestspitze Isabelas, passierte die Insel Fernandina und gelangte in Richtung Norden bis zur Banks Cove. Seine letzte Station war James, wo er am 8. Oktober 1835 eintraf und sich insgesamt eine Woche bei, wie er schrieb, strahlendem Sonnenschein aufhielt und dann am 20. Oktober 1835 den Archipel endgültig in Richtung Tahiti verließ.

In dieser Zeit machte Darwin die wichtigsten Beobachtungen zur Begründung seiner Evolutionshypothese, die er fast 25 Jahre später in seinem Hauptwerk manifestierte: „Über die Entstehung der Arten im Tier- und Pflanzenreich durch natürliche Züchtung

Die kalten Gewässer der Galapagos-Inseln sind besonders fischreich. Das Plankton dieser Kaltwasserströme ist das Anfangsglied einer üppigen Nahrungskette, die auch für Großschwärme, wie diese Goldaugengrunzer (Haemulon scudderi), ausreichend Nahrung bietet.

oder Erhaltung der vervollkommneten Rassen im Kampf ums Dasein."

Als fleißiger Archivar hatte Darwin 26 Landvögel gesammelt, die er alle, bis auf eine lerchenähnliche Finkenart, als neu und ausschließlich diesen Inseln zugehörig beschrieb. Unter den elf Watvögeln waren drei neue Arten. Folgende Tiere fielen Darwin besonders auf: Drei Eidechsenarten, darunter die berühmten Land- und Meerleguane, 16 Landschneckenarten, wovon eine einzige auch noch von Tahiti bekannt ist, 25 Käferarten, bis auf drei allesamt neu, 15 neue Arten von Seefischen sowie eine endemische Mausart. Von den in seiner Zeit bekannten 225 Pflanzenarten des Archipels konnte Darwin immerhin 193 sammeln. Dennoch blieben ihm wichtige Fakten verborgen. Die so berühmten, später nach ihm benannten Darwinfinken, die klassischen Beweisformen der Evolution, hatte Darwin nahezu gar nicht berücksichtigt, und er mußte nach seiner Rückkehr auf die Exemplare Kapitän FitzRoys zurückgreifen. Auch die Bedeutung der großen Galapagosschildkröten war ihm entgangen, so daß er nicht ein Sammlungsstück nach London mitgebracht hatte. Dies, obwohl er vom damaligen Gouverneur Lawson darauf aufmerksam gemacht worden war, daß diese Tiere auf jeder Insel ein anderes Aussehen aufwiesen. Dennoch überwand Darwin das statische Bild der Arten und postulierte, „. . . daß alles Lebendige nicht ein Seiendes, sondern ein Gewordenes ist und daß dieses Werden sich unablässig fortsetze." Er forderte einen gemeinsamen Ursprung für alle Lebewesen und leitete die Herkunft von Mensch und Tier im Sinne eines Stammbaumes ab. Begreifbar wird dies in seiner Bedeutung erst, wenn man den Menschen in diese Evolution einbezieht und ihn damit aus seiner Mittelpunktstellung in der Schöpfungsgeschichte herausnimmt. So ist es kein Wunder, daß die Menschen der damaligen Zeit von Darwins These schockiert waren, entsprach sie doch dem materiellen Zufall und nicht einer göttlichen Schöpfungsplanung. Darüber hinaus formulierte Darwin die Antriebsmechanismen, die der Evolution zugrunde lagen. Zufällige Mutationen des Erbgutes verändern ein oder mehrere Merkmale einer Art. In einem zweiten Schritt der Selektion mußten die Variationen im Überlebenskampf bestehen.

*Was Darwin nicht sah*

Auch wenn Darwin die große Anzahl Haie im Gewässer des Galapagos-Archipels bewunderte, 15 neue Seefischarten beschrieb und die drachenköpfigen Meerleguane ebenso bestaunte wie die Meeresschildkröten, so blieb ihm doch die Welt unter Wasser verborgen. Es ist eine überaus faszinierende Welt, die uns heute mit den modernen Möglichkeiten des Sporttauchens auch in solch extremen Meeresgebieten offensteht.

So konnten wir dort, wo Charles Darwin am 30. September 1835 einen Landausflug auf die Höhen um Banks Cove unternahm, auch einen Vorstoß in die Tiefe des Pazifiks machen. Steil, nahezu senkrecht abfallend, setzen sich hier die aus dem Meer ragenden, bizarren Tuffschichten fort. Sie sind mit Muschelbänken, Seeanemonen, Moostierchen, Schwämmen und Algen überzogen. Diese durchlöcherten Unterwasserformationen bieten ideale Unterschlupfmöglichkeiten für Fische, Krebse und Seesterne. Wie im Mittelmeer trifft man ab etwa 15 Meter Tiefe auf große Stöcke von Hornkorallen. Solange Seelöwen vor uns patrouillieren, sind die Fische in den Lavaspalten verschwunden. Lediglich im Grundsand, am Sockel der Tuffschichten, in 40 Meter Tiefe, liegen ruhig zwei Rochen von gut einem Meter Durchmesser. Hier unten überwiegen die kalten Einflüsse des Humboldtstromes.

Auch wenn wir es nicht auf Anhieb erkennen können, so zählen die Gewässer um Galapagos zu den fischreichsten der Erde. Es gibt hier etwa 300 Fischarten, ein Viertel davon kommt ausschließlich in diesen Gewässern vor, das heißt, sie sind endemisch. Ein Beweis, daß sich die ausgeprägten Isolationsbedingungen auch hier auf die Lebensformen auswirken. Ebenso sind es die verschiedenen Meeresströmungen, die die einzelnen Inseln und die sie umgebenden Gewässer unterschiedlich beeinflussen. So lassen sich vier Zonen unterschiedlicher Wassertemperaturen beobachten, deren Fischbestand den jeweiligen Verhältnissen angepaßt ist. In der nördlichen Warmwasserzone um Tower, Culpepper und Wolf überwiegen die tropischen Arten. Hier sind auch die gut ein Dutzend riffbildenden Korallenarten des Archipels angesiedelt. In den Kaltwasserzonen westlich Isabelas herrschen in erster Linie Tiere der chilenisch-peruanischen Küstenregionen vor. In diesen Gebieten brüten auch Pinguine und die nur auf den Galapagos-Inseln lebenden, flugunfähigen Kormorane. In den anderen Regionen trifft man auf strömungsabhängige Mischwassergebiete. Überall aber begegnet man neben den zahlreichen Seelöwen den typischen Hochseefischen wie Makrelen, Mantas, Adlerrochen, gelegentlich Walen, den in Küstennähe tauchenden Meerechsen, weidenden Meeresschildkröten von gigantischer Größe und natürlich Haien, vor denen beim Tauchen besondere Vorsicht geboten ist.

Überquerungen von Lavafeldern werden durch Lavaspalten und einsturzgefährdete Lavahöhlen zu gefährlichen Abenteuern.

Im Südosten der Insel Santiago erstrecken sich über viele Quadratkilometer weit gezogene, völlig vegetationslose Lavafelder. Im Hintergrund dehnt sich Bartholomé aus.

Von einem leicht zu besteigenden Krater auf Bartholomé hat man den besten Ausblick auf die Lavafelder von Santiago mit den vielen Kraterhügeln sowie den schmalen Sandstrandstreifen in der Sullivan Bay. Die im Dezember entstandene Aufnahme zeigt die dichte Belaubung während der Regenzeit im schmalen Vegetationsgürtel neben dem „Pinnacle Rock", einer der bekanntesten Landmarken des Archipels.

Hoch über dem Meer, in den Klippen und auf dem Plateau der Insel Hood, liegen die Rast- und Nistplätze der Tölpel und Galapagosalbatrosse.

Die schroffen Lavaküsten der Inseln sind von tiefen Kanälen durchzogen. Wie Geysire schießen aus solchen Löchern bei anrollender Brandung die Wassermassen gegen den Himmel.

Unentwegt fressend huschen die leuchtend roten Felsenkrabben (Grapsus grapsus) über die naßschwarzen, glänzenden Lavafelsen, wo ihnen die gischtende Brandung immer neue Nahrung zwischen die Beine spült.

Den Kopf weit in den Nacken gelegt, die Schnauze steil nach oben gerichtet: So bewacht und sichert der Seelöwenbulle seinen dösenden Harem.

Die Seelöwen kommen im gesamten Archipel vor. Sie sind nirgends auf der Welt so zutraulich wie auf den Galapagos-Inseln.

Bei den flugunfähigen Kormoranen haben sich besonders ausführliche Gesellschaftsrituale entwickelt. Nichts läuft ohne Schnäbelwetzen, Halsverdrehen und Geschenke, die das Männchen nach jedem kurzen Fortgang dem Weibchen mitbringt.

James Bay am westlichen Ende der Insel Santiago bietet wegen seiner besonderen Lavaformen und der stark verwitterten, sandsteinähnlichen Tuffe interessante geologische Einblicke.

In den Gewässern von Galapagos wurden weit über 300 Fischarten beschrieben, von denen etwa zwanzig Prozent endemisch sind.

Muränen kommen häufig in den Galapagos-Gewässern vor, da ihnen die Lavariffe ideale Schlupfwinkel, Höhlen und Gänge bieten. Diese Fische sind weitgehend harmlos. Das oft als Drohgebärde beschriebene ständige Öffnen und Schließen des Mauls dient lediglich dazu, immer frisches Wasser an den Kiemen vorbeizupumpen.

An Land bewegen sich die Galapagosseelöwen recht schwerfällig. Unter Wasser sind sie um so gelenkiger und schneller. Geschickt und voller Grazie umschwimmen sie den Taucher.

Der rotgenetzte Golfseestern (Oreaster occidentalis) mit seinen orangefarbenen Stacheln ist ein gefährlicher Muschelräuber, der hydraulisch arbeitende Saugfüße einsetzt, um den Widerstand der Schließmuskeln der Weichtiere zu brechen. Ist die Muschel erst einmal geöffnet, stülpt der Seestern seinen Magen in sie hinein und saugt sie aus.

Gigantische Felsformationen wie der „Lion Rock“ bieten vielen Seevögeln ein ideales Nistgebiet. Unbewohnt und unzugänglich stellen sie echte Naturreservate dar.

Und wirklich, kein Tauchgang verlief ohne diese gefährlichen Fische. Galapagos-Riffhaie und Weißspitzenhaie folgten uns zum Teil in beängstigender Nähe. Hammerhaie und große Grauhaie traten in regelrechten Schwärmen auf. In strömungsreichen Durchbrüchen zwischen kleineren Inseln und Felsen lauerten sie wie Schließfächer nebeneinander auf Beute, und selbst beim Schnorcheln in nur ein bis zwei Meter tiefen Uferzonen begleiteten sie uns. Vor Champion Island, wo wir uns in flachen Gewässern aufhielten, um Seelöwen auf den umliegenden Felsen beobachten zu können, näherten sich von hinten unbemerkt etwa drei Meter lange Haie und lauerten direkt neben uns auf Beute. Dabei hatten wir uns hier besonders sicher gefühlt, hatten wir doch schon während des vorangegangenen Tauchgangs gezielte Angriffe von Seelöwenbullen auf Haie beobachtet. Da es bislang nur wenige Beschreibungen solcher Attacken gibt, möchte ich auf meine Logbuchaufzeichnungen zurückgreifen: „Steilabfall auf etwa 25 Meter. Tauchtiefe um zehn Meter. Entfernung zur Wand fünf bis sechs Meter. In einer Einbuchtung dieser Wand tummeln sich zehn bis 20 Seelöwen, tauchend, schwimmend, die Wand entlang jagend. Manchmal sichern die Seelöwen, äugen ängstlich hinter Lavaspitzen hervor. Draußen vor der Bucht, etwa 15 Meter entfernt, kreisen Galapagoshaie. Plötzlich schießen neben mir mehrere Seelöwen in die Tiefe, attackieren einen Hai, der bis an die Steilwand herangeschwommen war. Ich erkenne im gründämmrigen Wasser, wie die Seelöwen, immer wieder Haken schlagend, dem Hai in die Seite rammen. Ohne Gegenwehr versucht der Hai in weitem Bogen zu entkommen. In Sekundenschnelle ist alles vorbei. Diesmal schienen die wendigen Seelöwen erfolgreich. Ich habe aber immer wieder tiefe Bißspuren von Haien bei Seelöwen entdeckt, teils noch blutend, teils vernarbt. Vor allem unter jungen Seelöwen und Robben finden Haie immer wieder ihre Beute."

Das Taucherlebnis Galapagos ist stets ein Neuerleben und Neuentdecken. Großschwärme von Fischen, angefangen bei Riffbarschen, Seebadern, Füssilierfischen, Makrelen, Engelsfischen bis zu Teufelsrochen, Adlerrochen und Hochseehaiformen gehören ebenso dazu wie die sonderbar anmutenden Dickkopffische, die in den unterschiedlichsten Farbvarianten auftreten und sich ebenso in neue Arten aufzuspalten scheinen wie die so berühmten Finken oder die auf dem Weg zu neuen Arten befindlichen Riesenschildkröten.

Waren keine Seelöwen oder Pelzrobben im Wasser, tummelte sich eine reiche Fischfauna vor den Lavahöhlen, in denen sie bei eventueller Gefahr schnellstens Schutz finden konnte. Wir erlebten skurrile, ja schon fast atemberaubende Unterwasserbegegnungen mit Meerechsen, tauchenden Kormoranen, Pinguinen und äsenden Meeresschildkröten. Viel zu kurze und in der Zahl viel zu wenige Tauchgänge verbleiben aus tauchtechnischen Gründen selbst bei einem längeren Aufenthalt in diesen Gewässern, die nach William Beebe erstmals wieder 1954 von Hans Hass und Irenäus Eibl-Eibesfeldt im Rahmen der „Xarifa-Expedition" intensiver erkundet wurden.

Im August 1989 riefen die etwa tausend Meereswissenschaftler im Rahmen einer CEDAM-International Versammlung die „Sieben Weltwunder unter Wasser" aus, darunter den Galapagos-Archipel.

Im Hochland von Santa Cruz wurden Reservate zur Erhaltung der Riesenschildkröten eingerichtet. Die Tiere können bis zu 200 Jahre alt werden.

Für ihr Wohlergehen und ihre Pflege sorgen unter anderem die Darwinfinken: Sie befreien die Schildkröten zum Beispiel von lästigen Parasiten.

Das heruntergezogene Rückenschild über dem Kopf des Tieres zeigt deutlich, daß diese Riesenschildkröte zu den bodenfressenden Formen gehört. Obwohl tief eingezogen in den Panzer können die Weichteile der Schildkröte von Ratten, Schweinen oder Hunden verletzt werden.

Regenwaldähnliche Urwälder mit dichten Flechtenvorhängen bilden sich in den feuchten Höhenzonen der Insel Santa Cruz aus.

*Inseln des Archipels*

***Baltra*** —, die „Flughafeninsel“, ist oft nur Zwischenstation für An- und Abflug. Meistens geht es von hier direkt auf das Boot. Während des Zweiten Weltkriegs war die Insel US-Stützpunkt. In dieser Zeit entstand auch der Flughafen. Fauna und Flora Baltras wurden durch die Hektik auf einem großen Versorgungsstützpunkt besonders stark beschädigt.
***Bartholomé*** — liegt als kleines Eiland vor der Sullivan Bay Santiagos und war Stationsort für die „Xarifa-Expedition“ unter Hans Hass (1954). Ein leicht bezwingbarer Aufstieg auf einen küstennahen Vulkankegel bietet die einmalige Silhouette dieser bizarren, an erdgeschichtliche Urzeiten erinnernden Inselwelt.
***Fernandina (Narborough)*** — ist eigentlich keine Insel, sondern der aktivste Vulkan (1650 m) des Archipels. Mehr als 1000 Meter tief liegt seine 1968 eingestürzte Caldera. Point Espinosa, die nördlichste Inselspitze, ist der beliebteste Anlaufpunkt. Hier finden sich die größten Meerechsenkolonien, flugunfähige Kormorane, der seltene Galapagosbussard, Pinguine und Seelöwen.
***Floreana (Charles)*** — Durch Margret Wittmers Roman „Postlagernd Floreana“ wurde diese Insel, die einst Hauptanlaufstelle der alten Walfänger war, auch literarisch gewürdigt. Philatelistischer Geheimtip: „Postamt“ in Post Office Bay mit dem Sonderstempel vom „Barrel Office“.
Floreana ist die Hauptinsel aller Besiedlungsversuche. In den dreißiger Jahren lebten hier unter anderem Karl Friedrich Ritter aus Berlin, die Wittmers aus Köln sowie die Baronin Eloise Bosquet de Wagner-Wehrborn mit diversen Begleitpersonen. Die Insel zeigt die meisten Auswirkungen des Menschen oder durch ihn eingeschleppter und ausgesetzter Arten wie Hunde, Katzen, Esel, Schweine, Ziegen und nicht zuletzt Ratten. Floreana ist eine der südlichsten Inseln des Archipels, und dank des fruchtbaren Bodens konnten sich hier einige Farmer ansiedeln.
Champion, Devils Crown, Gardner, Caldwell und Enderby bilden einige der landschaftlich reizvollen Felsengruppen im Umfeld von Floreana. Sie sind vor allem für Tauchausflüge entlang ihrer Steilwände und Höhlen interessant. Devils Crown, die Teufelskrone, ist der Überrest eines von der Meereserosion zerfressenen Kraters. In dieser Gegend gelten Begegnungen mit Haien als sicher.
***Hood (Española)*** — Auf diesem aus dem Meer gehobenen Lavablock ist die größte Albatros-Kolonie des Archipels zu bewundern. Verschiedenste Arten von Darwinfinken, Tölpelkolonien, Spottdrosseln, Austernfischer, einige Reiherarten, Kurzohreulen, Galapagosbussarde und Gabelschwanzmöwen bilden den wesentlichen Teil der Vogelfauna. Kielschwanzleguane, Meerechsen und Seelöwen bevölkern die steilaufragenden Küstenzonen. Durch „Blow wholes“ jagen die Meeresströmungen meterhohe Gischtgeysire im Gleichklang mit den heranrollenden Wellen in den Himmel.
***Isabela (Albemarle)*** — ist die größte der Galapagos-Inseln und bedeckt über die Hälfte der gesamten Landmasse des Archipels. Gebildet wird sie von sechs großen Schildvulkanen, von denen sich riesige Lavafelder, die von unzähligen Seitenkratern überzogen sind, weit ins Meer hinaus erstrecken. Die Vulkane Cerro Azul (1850 m) und Sierra Negra (1630 m) gestalten den südlichen Teil der Insel, der über den Perry Isthmus, die schmalste Stelle von nur sechs Kilometern Breite, mit dem Nordteil verbunden ist. Die großen Vulkane Alcedo (1250 m), Darwin (1433 m), Wolf (1870 m) und Ecuador (885 m) bestimmen diese Region Isabelas. Hier, in den Vulkangebieten der Insel, finden sich die größten Populationen von Landschildkröten und Landleguanen. Kolonien von Kormoranen, Pinguinen, Flamingos, Tölpeln und Pelzrobben bilden neben verwilderten Rindern, Eseln, Hunden und Katzen die Schwerpunkte der Tierwelt. Vor der Nordküste kann man gelegentlich Wale beobachten. An manchen Stellen wird Isabela von Mangrovensümpfen gesäumt. Während die nördlichen Küstenzonen nur nackte Lava bieten, sind im Süden weitgezogene Grünflächen anzutreffen. Kakteen und Opuntien beherrschen das Bild der Trockenzonen. Puerto Villamil an der Südküste ist die einzige größere Siedlung Isabelas. Um in das abgelegene Inselinnere zu gelangen, bedarf es neben einer Expeditionsausrüstung vor allem auch entsprechender Genehmigungen.
***Plaza*** — ist eine Santa Cruz vorgelagerte „Doppelinsel“, die vor allem wegen ihrer Landleguane besucht wird. Die karge Vegetation erschöpft sich in einigen Baumopuntien sowie einer bodendeckenden rötlichen Sukkulente (Sesuvium). Darüber hinaus sind die Inseln wegen ihrer vielseitigen Vogelfauna bekannt.
***Rabida (Jervis)*** — ist eine der eigenartigsten Inseln mit einer ausgeprägten Vogelwelt. Neun verschiedene Darwinfinkenarten sind hier anzutreffen. Eine riesige Flamingolagune und weite Sandstrände sind eingebunden in die gut 400 Meter hohen Krater, und dies bei einem Durchmesser von nur knapp 2,5 Kilometern. Seelöwenkolonien, verschiedene Tölpelpopulationen und Galapagospelikane haben sich hier ange-

siedelt. Unter Wasser konnten wir bei Tauchgängen Manta- und Stachelrochen beobachten.

***San Cristobal (Chatham)*** — Mit Puerto Baquerizo Moreno, der Hauptstadt der Provinz Galapagos, ist auch schon das Wesentliche dieser Insel beschrieben. Dabei wird man ihr sicherlich nicht gerecht, doch im Wettstreit mit den Naturrefugien unterliegt sie einfach, auch wenn sie eine große Fregattvogelkolonie besitzt. Wahrzeichen von San Cristobal ist der vorgelagerte „Kicker Rock".

***Santa Cruz (Indefatigable)*** — ist die auch im Innern am besten zugängliche Insel und mit dem Ort Puerto Ayora an der Academy Bay — ebenfalls Sitz der Darwin-Station — sowie der Siedlung Bellavista außerdem die Insel mit der zweitgrößten Einwohnerzahl. Folgt man der Straße, die von Academy Bay nahezu quer durch Santa Cruz nach Norden auf Baltra zuläuft, hat man den besten Überblick über die Vegetationszonen einer Galapagos-Insel.

Im Grenzbereich zwischen Land und Meer findet man Mangroven, jene Pflanzen, die oft noch direkt im Meer auf Stelzwurzeln stehen.

Die nachfolgenden ufernahen Trockenzonen sind geprägt von Kandelaberkakteen (Jasminocereus cacti), Baumopuntien, silbergraurindigen Palo Santo Bäumen (Bursera graveolens), Croton-Büschen, Piscidia- (Piscidia carthagenensis) und Manzanillo-Bäumen (Hippomanae mancinella). Die Früchte der letztgenannten Baumart rufen bereits bei der geringsten Berührung mit der Haut äußerst unangenehme Reizungen hervor. Darüber hinaus wachsen hier Mangle-Bäume (Rhizophora- und Avicennia-Arten) und der Salzbusch (Cryptocarpus pyriformis).

Diesen Trockengürteln folgen nach einer schmalen Posonia-Zwischenzone die Feuchtregionen mit den berühmten Scalesia-Wäldern, die dicht behangen sind mit Moosen und Flechten. Urwaldähnlich können sich die Scalesia-Bestände mit Scalesia pedunculata (6 m) und Scalesia incisa (4,5 m) bis auf Höhen von 1200 Metern erstrecken.

Diese Scalesia-Arten gehören in die Verwandtschaft der Korbblütler, und es mutet geradeso an, als wüchsen hier Margeriten oder Astern in meterhohen Baumformen. Nicht nur auf Santa Cruz, sondern auch auf San Cristobal schließt sich dann noch die von Moos und Flechten überzogene Miconia-Zone an, die meist aber in Höhen über 500 Meter von der Hochlandzone mit Grasland, niedrigen Farnen und Kräutern abgelöst wird. Alle Flächen drängen sich natürlich auf wenigen Höhenmetern zusammen und sind in ihrer Ausdehnung zudem abhängig von den Bedingungen der Luv- und Leeseiten der Inseln. — Puerto Ayora an der Academy Bay bietet den Charme einer kleinen Kolonialstadt, mit einer Hauptstraße, Hotels, Bars und Geschäften. Deutschstämmige Familien wie die Angermeyers und Sievers haben hier ein neues Zuhause gefunden. Ein Besuch auf der Darwin-Station darf nicht fehlen, für die Besichtigung der Schildkrötenreservate im Innern der Insel braucht man Sondergenehmigungen.

***Santiago (James)*** — Seit der Beschreibung durch Charles Darwin ist Santiago eine der bekanntesten Inseln des Archipels. Vor allem James Bay im Westen fand mit seinem nahegelegenen Kratersee Beachtung. In Buccaneer Cove stieß man auf alte Keramik als Hinweis früherer Besiedlung.

Santiago bietet große Vogelkolonien von Tölpeln, Flamingos in den Lagunen, Seelöwen und gelegentliche Bestände von Pelzrobben, dazu Galapagostauben, Spottdrosseln, Galapagosbussarde und verschiedenste Seevogelarten wie Austernfischer, Galapagospelikane usw. Eindrucksvolle Lavalandschaften werden unterbrochen von Tuffgesteinsformationen und zeigen so die geologische Entstehungsgeschichte der Insel an. Diese Tuffsteine sind noch unter Wasser durch Vulkane gebildet und später durch tektonische Bewegungen aus dem Meer gehoben worden.

***Tower (Genovesa)*** — Von den nördlichen Inseln, die ganz im Einzugsbereich der warmen Meeresströmungen liegen, wird fast nur Tower Island angefahren. Hauptankerplatz ist die Darwin Bay, von der aus leicht die große Fregattvogelkolonie erreicht werden kann. Auf diesem durchweg ariden Vulkankegel lassen sich Lavamöwen, Reiher, Blaufußtölpel, Rotfußtölpel, Spottdrosseln und Seelöwen beobachten. In den warmen Gewässern begegnet man häufig Hammerhaien.

### *Fauna und Flora*

Da zwischen Südamerika und den Galapagos-Inseln nie eine Landverbindung bestanden hat, konnte sich auf diesem 1000 Kilometer vor der Kontinentalküste gelegenen Archipel eine eigenständige und auch eigenartige Fauna und Flora entwickeln. Dabei muß vorausgesetzt werden, daß auf die geographisch isolierten Inseln Gründungsindividuen gelangt sein mußten, die sich in der Separation den Mechanismen und Gesetzen der Evolution folgend hier festsetzten und neue Lebensräume erobern konnten. Vier solcher Besiedlungswege sind als grundlegend anzusehen:

1) Mit den vom amerikanischen Festland in den Pazifik hinausflutenden Strömungen müssen Pflanzen,

Die auf Galapagos endemische Gabelschwanzmöwe ist die einzige Möwenart der Welt, die nur nachts fischt. Man nimmt an, daß sie durch dieses Verhalten den Piraterien der Fregattvögel ausgewichen ist.

Von den drei auf Galapagos vorkommenden Tölpelarten ist der Rotfußtölpel der einzige Seevogel überhaupt, der auf Bäumen und Büschen brütet. Seine besonderen Kennzeichen sind die großen, roten Schwimmfüße, aber auch sein hellblauer Schnabel.

Zwei Drittel des Körpergewichts eines Fregattvogels sind Flugmuskulatur. Ein dazu besonders günstiges Verhältnis von Körpergröße zu Flügelspannweite macht ihn zu dem wendigsten und elegantesten Flieger unter den Seevögeln. Diese Fähigkeit ermöglicht es ihm auch, anderen Vogelarten wie ein „Pirat der Luft" die Beute abzujagen.

Früchte und Samen aus den Urwäldern und Küstengebieten bis zum Archipel getrieben worden sein. Gelegenlich muß dabei ein Tierpärchen oder wenigstens ein trächtiges Weibchen die Seereise überlebt haben. Bei günstiger, Tag und Nacht gleichmäßiger Strömung von etwa fünf Kilometern pro Stunde dauert eine solche Seepassage gerade acht Tage.

2) Durch Wind und Seevögel eingetragene Gründungsindividuen. Man denke in diesem Fall an Pflanzensamen und Sporen, an die Landvogelarten aber auch an Süßwasserfische, deren Laich zum Beispiel in Entengefiedern in Kraterseen eingeschleppt wurde.

3) Vom Menschen mitgebrachte Arten. Da dies vermutlich erst in den letzten 1000 Jahren passiert ist, gefährden diese eingeschleppten Tiere wie Hunde, Schweine, Ziegen, Rinder, Ratten oder Esel die ursprüngliche Fauna und Flora der Inseln. Auch eingeführte Kultur- und Wildpflanzen greifen in diesen Gefährdungsmechanismus ein. Neben Nestraub und direkten Attacken auf die ursprünglich hier heimischen Tierarten ist es vor allem die Nahrungskonkurrenz gegenüber den Ursprungsarten, die ganze Inselpopulationen zu vernichten droht. Ziegen fressen nun einmal schneller als Schildkröten. Außerdem erreichen die wendigen Säugetiere alle nur erdenklichen Nischen einer Insel und haben schnellere und höhere Reproduktionsraten.

4) Meerestiere und Seevögel, die ihren normalen Lebensgewohnheiten folgend nach Galapagos gelangt und dort heimisch geworden sind.

Trotz der oben angezeigten Möglichkeiten konnten nur verhältnismäßig wenige Tier- und Pflanzenarten ohne menschliches Zutun die Inseln erreichen und erfolgreich besiedeln. Amphibien fehlen im ganzen Archipel. Von den Landsäugetieren konnten hier nur zwei Reisratten- und zwei Fledermausarten sowie eine Mausart heimisch werden. Nicht einmal tausend verschiedene Pflanzenarten und gerade etwas mehr als sechshundert Insektenarten fanden auf den Inseln Überlebensmöglichkeiten. Viele der Galapagosarten sind zudem endemisch, das heißt, ihr Vorkommen ist allein auf diesen Archipel oder nur einzelne Inselbereiche beschränkt. Man findet sie sonst nirgends auf der Erde. Als Stammgebiete der Galapagosarten sieht man heute Vorfahren aus Südwestkalifornien, Mittel- und Südamerika an.

*Fauna*

***Leguane*** — Neben den Schildkröten sind die Leguane die auffälligsten Tiere auf Galapagos. Wahrscheinlich von den grünen Baumleguanen Südamerikas abstammend, haben sich hier völlig isoliert neue Arten herausbilden können: die Landleguane und die Meerechsen.

*Landleguane (auch Drusenköpfe genannt)* — Die beiden Landleguanarten des Archipels präsentieren sich in einer Farbe von bräunlichgelb bis gelb, urtümlich anmutend, rundschwänzig mit einer Reihe hoher Rückenstacheln und in einer Länge bis zu 1,20 Meter. Conolophus pallidus ist auf Santa Fe heimisch. Conolophus suberistatus trifft man auf Isabela, Plaza und Santa Cruz. Diese Echsen sind reine Vegetatier und verschmähen auch die Früchte und Flachsprossen der stacheligen Opuntien nicht. Während der Paarungszeit liefern sich die Männchen heftige Rivalen- und Ritualkämpfe, ohne sich jedoch zu verletzen.

*Meerechsen* — Sieben Unterarten dieser Meerechsen (Amblyrhynchus cristatus) konnten bis heute vor allem von Irenäus Eibl-Eibesfeldt beschrieben werden. Ihre Artkennzeichen sind seitlich abgeflachte Ruderschwänze, hohe Rückenkämme aus Stacheln, schwarze bis rote, manchmal gelbbraunfleckige graugrundige Körperfärbung. Diese Meerechsen werden bis zu einem Meter groß, und sie ernähren sich durch Abweiden von Algenfeldern. Sie sind ausgezeichnete Taucher, überwinden als Schwimmer die stärkste Brandung und sind an Land behende Kletterer.

Manche können über eine Stunde tauchen. Vor Fernandina habe ich in zwölf Meter Tiefe mehrere Echsen über eine halbe Stunde beim Fressen unter Wasser beobachtet. Mit ihren scharfen Krallen konnten sie gut der Strömung widerstehen und fraßen nur bestimmte Algenformen, wobei ihnen ihre stumpfe Schnauze beim Abreißen der niederwüchsigen Algenarten zugute kam. Zum Weiterschwimmen legen die Meerechsen die Beine an und schwimmen kräftig schlängelnd und mit dem Schwanz rudernd vorwärts. Nach dem Tauchgang wärmen sich die wechselwarmen Tiere auf ihren Stammplätzen, den Lavafelsen. Dabei niesen sie ständig Salz ab. Heftige Balz-, Revier- und Rivalenkämpfe halten die Tiere in ständiger Auseinandersetzung untereinander.

Die zwei bis drei Eier pro Brutperiode werden vom Weibchen in den Sand eingegraben und durch Sonnenwärme ausgebrütet. Nach nur zwei bis drei Monaten schlüpfen im Verlauf des Monats Mai jährlich Tausende von Meerechsen, von denen aber 90 Prozent „Räubern" zum Opfer fallen.

*Kielschwanzleguane* — Sieben Arten (Tropidurus) dieser nur etwa 25 Zentimeter langen, auch Lavaeidechsen genannten Tiere sind auf den Galapagos-Inseln zu finden. Sie verstehen es ausgezeichnet, ihre leuchtend roten Backen und gelben Kehlsäcke als Signalgeber einzusetzen. Sie ernähren sich meist von Insekten, Asseln, Spinnen, Würmern und Schnecken.

***Riesenschildkröten (Chelonoidis elephantopus nigrita)*** — Es waren diese mächtigen Tiere, die den Galapagos-Inseln ihren Namen gaben. Zu Tausenden bewohnten sie die größeren Inseln. Zehntausende der Tiere dienten den Bewohnern und Walfängern als lebende Fleischkonserven, so daß sie immer weiter dezimiert wurden. Heute gibt es nur noch wenige tausend Exemplare auf dem Galapagos-Archipel, und von manchen Inseln, zum Beispiel Floreana und Santa Fe, sind sie ganz verschwunden oder es ist, wie von der Pinta-Unterart, nur noch ein einziges Männchen am Leben.

Ursprünglich waren diese großen Schildkrötenarten in den meisten Warmgebieten der Erde vertreten. Noch vor etwa 25 000 Jahren bevölkerten sie weite Teile des südlichen Nordamerikas und der Karibik. Nur auf Galapagos und dem weit entfernten Aldabra fanden diese auch Elephantenschildkröten genannten Arten ein Überlebensrefugium.

Sie sind allesamt Pflanzenfresser und lassen sich in zwei große Formgruppen einteilen. Zum einen in die „Sattelrückenformen" von Española, Pinta, Pizon, Fernandina und Bereichen von Isabela, bei denen der Vorderrand des Rückenschildes stark nach oben gebogen ist, so daß die Tiere ihren Hals leicht nach oben strecken können. Zum anderen in die „Rundrückenformen" von Santa Cruz, San Cristobal, Santiago und Isabela mit nicht aufgebogenen Rückenschildern. Während letztere kurzbeinige Bodenfresser sind, können die Sattelrückenformen ihre Nahrung auch von höher gewachsenen Zweigen und Opuntien holen.

Darüber hinaus haben Zoologen diese Tierart aufgrund äußerer Merkmalsunterschiede in 15 Unterarten aufgeteilt. Nahezu jede Insel besitzt ihre eigene Unterart. Großinseln wie Isabela weisen sogar noch auf ihren „Kraterinseln", zum Beispiel rund um den Vulkan Alcedo, eigene Unterarten auf.

Männchen und Weibchen lassen sich für den Laien nur schwer unterscheiden. Allgemein sind die Männchen größer, haben einen spitz zulaufenden Schwanz und einen nach innen gewölbten Brustschild. Während der Brunftzeit liefern sich die Männchen heftige Rivalenkämpfe, die von Zischen und Fauchen begleitet sind. Das Weibchen legt nach der Begattung 15 bis 20 Eier in 20 bis 40 Zentimeter tiefe Mulden des feuchtheißen Küstensandes. Nach etwa acht Monaten schlüpfen die von der Sonnenwärme ausgebrüteten Jungen. Überleben sie die gefahrvollen ersten Jahren, werden sie nach etwa 15 Jahren selbst geschlechtsreif. Ohne menschliche Eingriffe können die Tiere dann, wohlgepflegt und geputzt von manchen Finkenarten, bis zu 200 Jahre alt werden.

Heute stehen alle Galapagosschildkröten unter strengem Schutz und werden zum großen Teil auf der Darwin-Station gezüchtet und in den ersten Lebensjahren zur eigenen Sicherheit in Gehegen aufgezogen.

***Schlangen und Geckos*** — sind die weiteren Reptilienformen, die auf dem Archipel vorkommen. Für den Besucher ist es wichtig zu wissen, daß es keine giftigen Arten auf den Galapagos-Inseln gibt.

***Seelöwen, Wale und Delphine*** — Von diesen Meeressäugern sind vor allem die Ohrenrobben in den Küstenbereichen anzutreffen. Sechs Arten, darunter auch Pelzrobben, haben in die Gewässer von Galapagos gefunden. Eine Art, der Galapagosseelöwe, erst 1953 genau beschrieben, kommt hier endemisch vor. Trotz ihrer massigen Gebisse sind die Tiere dem Menschen gegenüber friedlich. Wenn man allerdings ins Revier der großen Bullen eindringt, muß man auf Angriffe gefaßt sein.

Von den beiden hier vorkommenden Delphin-Arten ist es vor allem der Große Tümmler, der gerne den Schiffen folgt. Orcas, Pottwale und Seiwale wurden meist in den Gewässern nördlich von Isabela beobachtet.

***Vögel*** — 85 Vogelarten bevölkern in zum Teil Tausende von Brutpaaren umfassenden Kolonien die Inselwelt Galapagos. 56 dieser Arten sind hier heimisch, die anderen regelmäßige Zuggäste. Viele dieser Vogelarten sind endemische Formen, so der braune Pelikan, der flugunfähige Kormoran, der Galapagosbussard, die Galapagoseule, der Galapagospinguin, die Lavamöwe und die Galapagostaube, um nur einige zu nennen.

Masken-, Rotfuß- und Blaufußtölpel, die prächtigen Fregattvögel, Austernfischer und Flamingos gehören ebenso zum Galapagosrepertoire wie die eleganten Albatrosse und Tropenvögel. Reiher, Enten und vor allem die berühmten Darwinfinken ergänzen das Bild. Kolibris und Papageien fehlen allerdings.

Von besonderem wissenschaftlichen Interesse sind die Galapagosfinken, wird an ihrem Beispiel doch die Entstehung neuer Arten aus einer Stammform, einer körnerfressenden Bodenfinkenart aus Südamerika, erklärt. Dreizehn Arten auf den Galapagos- und eine Art auf den nahegelegenen Kokosinseln haben sich durch natürliche Selektion entwickelt. Sie konnten durch Nahrungsspezialisierung die unterschiedlichsten ökologischen Nischen besiedeln. Galapagos-Laubsängerfink, Werkzeug-Baumfink, Mangroven-Baumfink, Kleiner, Mittlerer und Großer Baumfink

Lavakakteen sind die ersten Kolonialisten in dieser trostlosen vulkanischen Mondlandschaft. Jüngere Pflanzen haben diese charakteristische Gelbfärbung, werden aber mit zunehmendem Alter dunkler bis hin zu einem schmutzigen Graubraun.

Auf den Galapagos-Inseln kann man inzwischen vierzehn verschiedene Arten dieser Baumopuntien finden. Sie wachsen vor allem auf den trockenen Küstenstreifen und haben nahezu jeden Fels erobert.

Die Insel Fernandina ist ein einziger großer Lavaschlackehaufen. Dieser ist überzogen mit verwitternder Stricklava und durchwirkt von eingestürzten Lavahöhlen, in denen sich als kleine Tümpel das Wasser der Regenzeit sammelt.

sowie der Kokosinselfink sind Insektenfresser, Blätter-Baumfink, Kaktus-Grundfink, Spitzschnabel-Grundfink, Kleiner und Mittlerer Grundfink sowie der Dickschnabelgrundfink sind Pflanzenfresser. Die jeweilige Ernährungsweise spiegelt sich in der Schnabelform wider, die bei den Pflanzenfressern deutlich gröber ausfällt. Besonderes Augenmerk fand der Werkzeug-Baumfink, auch Stocher- oder Spechtfink genannt. Er bricht sich Kaktusdornen zurecht, mit denen er auch tiefsitzende Maden aus den Freßgängen puhlen kann, und damit sozusagen „den Beruf des Spechts" auf den Galapagos-Inseln ausübt. Diese Form der Artenentstehung bezeichnet man als adaptive Radiation. Einige Besonderheiten der Darwinfinken wurden erst in den letzten Jahren bei Filmaufnahmen von Friedemann Köster auf Wolf, der nördlichsten Galapagos-Insel, entdeckt. Grundfinken ernähren sich hier vampirisch, indem sie Tölpeln an den Flügelspitzen Wunden schlagen, um deren Blut zu saugen. Andere haben gelernt, Tölpeleier aus dem Nest zu rollen und über Steine rollend aufzuschlagen. Diese beiden extremen Ernährungsweisen ergänzen die bisher gemachten Beobachtungen der ökologischen Einmischung bei den Darwinfinken.

*Flora*

***Farne*** — konnten sich mit über 90 verschiedenen Arten — darunter der herrliche, nahezu drei Meter hohe Baumfarn „Cyathea weatherbyana" — auf den Inseln festsetzen.

***Kakteen*** — Mit den niedrigwüchsigen Brachycerus Lavakakteen stellt diese Pflanzenfamilie echte Pionierpflanzen bei der Eroberung des Lebensraumes erstarrter Lava. Neben diesen Gewächsen faszinieren die bis zu sechs Meter in den Himmel ragenden Kandelaberkakteen (Jasminocereus sp.). Beide Gattungen sind auf Galapagos endemisch, ebenso wie die sonderbaren baumhohen Feigenkakteen (Opuntia sp.). Diese Opuntien mit ihren stachelbewehrten Flachsprossen und ihren schmackhaften Früchten sind die wichtigste Nahrung der Landleguane.

***Mangroven*** — nehmen eine besondere Stellung im breiten Spektrum der Pflanzenwelt der Tropen ein. Mit Stelz- und Luftwurzeln konnten sich diese Bäume als echte Salzpflanzen in den von Salzwasser durchfluteten Küstenstreifen festsetzen. Sie sind sozusagen die Bäume des tropischen Wattenmeeres, die hier einen oft undurchdringlichen pflanzlichen Schutzgürtel entlang der Küsten bilden.

***Nationalpark Galapagos*** — Bereits 1934 begann man mit dem Schutz der Galapagos-Inseln. 1959 wurde der Archipel mit Ausnahme der bereits besiedelten Gebiete zum Nationalpark erklärt, in dem 1968 der National Park Service seinen Dienst zur Wahrung und Pflege von Fauna und Flora aufnahm. Das Befahren der Gewässer im Archipel, das Betreten verschiedener Inseln sowie das Abweichen von bestimmten Touristenpfaden ist verboten oder bedarf einer Ausnahmegenehmigung. Der gesamte Inseltourismus ist auf bestimmte Kontingente begrenzt und die weitere Besiedlung der Inseln untersagt.

Eng eingebunden in die Arbeit des Park Service ist die 1964 offiziell eingeweihte Charles-Darwin-Station, die sich vor allem wissenschaftlichen Aufgaben und der Aufzucht der Riesenschildkröten widmet. Heute sind zahlreiche wissenschaftliche Verbände, zum Beispiel die Frankfurter Zoologische Gesellschaft, die UNESCO und viele Naturschutzvereinigungen, in die Verpflichtungen zum Schutz und zur Erforschung dieser einmaligen Inselwelt eingebunden.

***Palo Santo (Bursera graveolens)*** — ist der am weitesten im Archipel verbreitete Baum. Er fällt besonders durch seine hellgraue Rinde auf. Da er nur während der Regenzeit Blätter und Blüten trägt, ergeben sich im Vergleich zur trockenen Periode völlig unterschiedliche Landschaftseindrücke. Aus einer ausgetrockneten Gestrüpplandschaft wird in der Regenzeit ein üppig grünender Wald. Seinen Namen „Heiliges Holz" verdankt dieser Baum dem wohlriechenden Duft, den sein Holz beim Verbrennen ausströmt. Es wird daher in Südamerika häufig als Weihrauchersatz verwendet.

***Scalesien*** — sind Korbblütler und mit unseren Sonnenblumen, Astern und Gänseblümchen verwandt, wofür der gleiche Aufbau des Blütenstandes kennzeichnend ist. Die gut zwanzig Arten umfassende, auf Galapagos endemische Gattung ist das pflanzliche Beispiel für adaptive Radiation. Das Erscheinungsbild der Scalesien reicht vom kleinwüchsigen Strauch bis zum 20 Meter hohen Baum. Dabei konnten die verschiedenen Arten klimatisch unterschiedlichste ökologische Nischen besetzen. Dies bedingt, daß die äußeren Merkmale wie Blattbau, Größe und Wuchsform so unterschiedlich sind, daß es fast unmöglich ist, ohne Blütenstand die Verwandtschaft zu erkennen. Wichtigste Formen sind die waldbildenden Bäume „Scalesia pedunculata" von Floreana, Santa Cruz, San Cristobal und Santiago, die niederwüchsige „Scalesia villosa" von Floreana, die großblütige „Scalesia helleri" von Santa Fe und die zehn Meter hoch wachsende „Scalesia cordata", die ihren Namen den herzförmigen Blättern verdankt. Während „Scalesia pedunculata" in Feuchtzonen wächst, gedeihen die anderen drei Arten ausschließlich in Trockengebieten.

***Charles Darwin (1809—1882)*** — besuchte im Rahmen seiner Reise um die Welt (1831—1836) auf der „Beagle“ die Galapagos-Inseln im September/Oktober 1835. Während seines Aufenthalts gewann er die grundlegenden Eindrücke zur Selektionstheorie, an der er seit 1845 intensiv arbeitete und die 1859 veröffentlicht wurde. Gestützt auf seine Beobachtungen ging er dabei von folgenden Grundtatsachen aus:

1) Lebewesen erzeugen viel mehr Nachkommen, als zur Erhaltung der Art notwendig sind, trotzdem bleibt in einem Lebensraum bei gleichbleibenden Umweltbedingungen die Individuenzahl einer Art über längere Zeit hinweg konstant.

2) Die Nachkommen eines Elternpaares sind nicht alle untereinander gleich, das heißt, sie variieren in ihren Erbmerkmalen.

3) Die Lebewesen stehen untereinander in ständigem Konkurrenzkampf um günstige Lebensbedingungen, Nahrung, Lebensraum und Geschlechtspartner.

Beeinflußt von wirtschaftswissenschaftlichen Ideen von Thomas Robert Malthus (1766—1834) und dem Aktualitätsprinzip des Geologen Charles Lyell (1797—1875) verfaßte Darwin seine „Entstehungsgeschichte der Arten“ auf der Basis des „Kampfes um das Dasein (struggle for life)“ sowie auf der Grundlage des Überlebens der am besten an die Umweltbedingungen angepaßten Art (survival of the fittest). Mit diesen Arbeiten und Gedanken wurde Charles Darwin zum Begründer der modernen Evolutionstheorie und gab damit unserem biologischen Verständnis entscheidende Impulse.

Zwei Arten von Fregattvögeln — der Kleine- und der Pracht-Fregattvogel — haben sich auf Galapagos niedergelassen. Charakteristisch ist ihr weitspannendes Flugbild mit dem typischen Gabelschwanz, der ihnen in der Luft höchste Manövrierfähigkeit verleiht.

*Literatur*

Basile, Ignaz: Faszinierende Schildkröten. Landschildkröten, Verlag Stephanie Naglschmid, Stuttgart 1989
Beebe, William: Galapagos, das Ende der Welt, Brockhaus Verlag, Leipzig 1928
Darwin, Charles: A Naturalist's Voyage Around the World, New York 1890
Darwin, Charles: On the Origin of Species by Means of Natural Selection, or the Preservation of Favoured Races in the Struggle of Life, London 1859
Darwin, Charles: Biologie in neuem Licht, herausgegeben von Leo Hauska, Prisma Verlag, Gütersloh 1980
Dossenbach, Hans D.: Galapagos, Archipel der seltsamen Tiere, Hallwag Verlag, Bern 1977
Eibl-Eibesfeldt, Irenäus: Galapagos. Die Arche Noah im Pazifik, Piper Verlag, München 1977
Heyerdahl, Thor: Wege übers Meer. Völkerwanderungen der Frühzeit, Bertelsmann Verlag, München 1978
Humann, Paul: Galapagos. Editorial Cactus, Santiago 1988
May, Brigitte und Rüdiger: Goldstadt Reiseführer Ecuador und Galapagos-Inseln. Goldstadt Verlag, Pforzheim 1988
Melville, Herman: The Encantadas, or the Enchanted Isles, New York 1940
Neunkirchen, Heinz: Piraten — Seeraub auf allen Meeren, transpress VEB, Berlin 1976
Weyer, Helfried: Galapagos. Ungewöhnliche Bilder von ungewöhnlichen Inseln, Badenia Verlag 1985
White, Alan und Epler, Bruce: Galapagos Guide, Ecuador 1972
Wittmer, Margret: Postlagernd Floreana, Frankfurt 1959

Herbert W. Hesselmann, geb. 1946, besuchte 1971 die „Bayerische Staatslehranstalt für Fotografie" in München. Danach machte er sich mit einem Fotostudio selbständig; er arbeitet als freiberuflicher Foto-Designer für Werbeagenturen und Verlage. Zahlreiche Veröffentlichungen. Im Ellert & Richter Verlag ist sein Buch „Schlafende Schönheiten" erschienen.

Friedrich Naglschmid, geb. 1944, ist promovierter Biologe. Er beschäftigt sich seit vielen Jahren mit den Inselwelten der Meere, den Refugien der Natur. Autor mehrerer Bücher zu den Themen Reisen, Tauchen und Biologie. Seit 1977 Mitarbeiter aller Fachzeitschriften des Tauchsports im deutschsprachigen Raum, Betreuung von wissenschaftlichen Fernsehsendungen.

CIP-Titelaufnahme der Deutschen Bibliothek

Galapagos/Friedrich Naglschmid;
Herbert W. Hesselmann. —
Hamburg: Ellert u. Richter, 1990
(Die weiße Reihe)
ISBN 3-89234-137-0
NE: Naglschmid, Friedrich [Mitverf.];
Hesselmann, Herbert W. [Mitverf.]



Text und Bildlegenden: Friedrich Naglschmid, Stuttgart
Fotos: Herbert W. Hesselmann, München
Gestaltung: Hartmut Brückner, Bremen
Satz: KCS, Buchholz/Nordheide
Lithographie: Rüdiger & Doepner, Bremen
Druck: Girzig + Gottschalk, Bremen
Bindearbeiten: Paderborner Druck Centrum, Paderborn